一句教養

化解親子衝突，
用薩提爾對話連結內心渴望

李儀婷——著

目次

推薦文　大道至簡，直指核心的一句教養／李崇建　006
推薦文　翻手為雲覆手為雨，一句話溫暖每個人／李崇樹　014
推薦文　不是調皮，而是孩子啊／許榮哲　022
推薦文　讓一句教養，接住被孩子氣個半死的你！／歐陽立中　030
序　從薩提爾三字訣，到我的「一句教養」　036

01 選擇與承擔——夜市前的路旁大爭吵 052
02 真相與謊言——不想陷入危險，也不想說違心之論 084
03 公平與匱乏——手足爭寵的衝突，如何能解？ 108
04 失敗與成功——一次從谷底到自信的畢業演說 134
05 依附與放手——看牙醫途中的車內大暴衝 164
06 個人與群體——好朋友轉身，成為孤立自己的人 194
07 自由與自律——姐妹倆的深夜三C派對 222
後記 一份送給孩子最好的生命禮物 248

獻給一直都沒有放棄努力的你

推薦序

大道至簡，直指核心的一句教養

李崇建（作家，薩提爾推手）

儀婷推出了《一句教養》的書籍與影音課，她太有才了。她身為一個媽媽，擁有三個寶貝。家有三個寶貝，帶起來的滋味，只有當事者能懂。

孩子還小的時候，儀婷的教養姿態，偏向命令、指責與說理。她帶孩子回家，我見她的管教方式，忍不住請她改變。但是她說，她知道怎麼管教，要我別搬出那一套……

我不認同她的管教，但是完全能接納，她是孩子的母親，箇中滋味只有她懂。但孩子身心反撲了，老大才六歲左右，便去身心科門診。以現在的眼光來看，這個反撲來得好，沒有等到長大才發生。

我記得儀婷也是在那時候，開始全心學習薩提爾模式，將之運用在教養議題。

早前，我學習薩提爾模式，儀婷也耳濡目染，聽我介紹其中滋味，她少少的參與一些，印象中不是那麼積極。孩子出現狀況之後，儀婷全身投入其中，除了閱讀相關書籍，她也來參與我的工作坊，我認為這很不容易，因為我早年對她甚惡，她願意來我的課學習，而且一來再來……

她不止上我的課程，更去參與其他工作坊，她說，剛開始真的不容易，也不容易理解道理，但她持續的學習之後，漸漸領略其中滋味。她曾經跟我分享，有一次看完了書籍，又上了課程之後，她跟先生表達：「我似乎快掌握住了，還差那麼一點點。」

我看她帶三個孩子，全然改變以往態度，不止是她內在改變，她變得不那麼易怒，談話中比較多關懷，她所說的語言、表達與好奇，都全然改變了，管教方式大不相同。即使改變了內在，教養仍不容易，我有個切身的經驗，帶著她的兩個寶貝。

孩子們來家裡住，兩個外甥女都來了，她們來找表哥表妹，幾個孩子離開父母，四兄妹共聚一堂，都是十歲以內年齡，來家裡待了幾天。

川川洗完澡之後，頭髮滴滴答答淌水，但她拒絕吹頭髮，僅用毛巾包著頭，就想上床找兄妹聊天了。

我請川川吹乾頭髮，但是她不願意，正要給她建議……

川川摀起耳朵，大聲的說：「我不要聽……」

我堅持的說：「不過，我還是要說，頭髮濕濕……」

其實，我說了，也是白說。

川川大聲向我抗議：「我說了，我不要聽……」

隨後，川川蒙在棉被裡，打電話向媽媽哭訴：「大舅舅最討厭，就跟他說……」

我只好鼻子摸一摸，在其他孩子們的訕笑中，默默的退出房間。

所幸川川很天真，也不記舅舅的仇，隔天就跟我玩起遊戲，但我也沒再提這事，只問她媽媽，希望我如何處理？我完全信任儀婷的教養，想尊重她們的家庭文化。

由我的經驗可見，要帶三個孩子，不是簡單的事。儀婷也是從其中走來，而「一句教養」的課程，就是她教養的精華，帶給家庭最簡單的入門起手式，幫助大人跨越語言慣性，即使記不住任何對話工具，也能用最簡單的語彙牢牢連結孩子。

我看了「一句教養」影音課，深感這是準確的表達，溫柔堅定的表達，表達父母傳達的界線，也敞開表達關愛，去連結孩子的渴望，她的語言很精準。而應運課程而生的《一句教養》書籍，則是相輔相成的書籍，充分運用紙本書適合沉澱、靜思的擅長，側重於「安頓自己」的拆解，大人自己先平穩了，才能有力量連結孩子。雙管並進，我相信對於薩提爾的運用會更為得心應手。

談到表達界線的課題，我在教育現場，發現一般師長父母，不太會表達界線。

比如在班級經營，老師耳提面命：「不要講話，再講話請你站起來……」這些都不是表達界線，起碼，不是準確的表達，所以班級經營疲於奔命。

除了表達界線之外，父母也要懂得表達接納與愛。儀婷不是講班級經營，而是將薩提爾模式，冰山的實際運用，放在家庭教養中，並且精簡的「一句教養」，其中包含如何表達界線？如何表達接納與愛。

大道至簡，儀婷深得精髓。在教養孩子上面，我遠遠難以企及，我也需要跟她學習。

推薦序

翻手為雲覆手為雨，一句話溫暖每個人

李崇樹（作家、快雪時晴創意作文班主任）

儀婷是我們家孩子中唯一的女生，我和她因為年齡差了六歲，幼年時期幾乎不曾玩在一起。母親離家後，她成為了家中唯一的女人，說實話，很多女人的事情她都不懂，上面三個哥哥功課早已跌落谷底，自顧不暇，對於這顆明珠，我不懂、也無從教她。

不過早年母親不在身邊，失去母愛的我，感覺叛逆期特別長久！都已經成年了，還找不到自我價值，常在家被父親碎唸，也不喜歡回家，那種無人可以傾訴的年代，一待在家就覺得沉悶。我這個妹妹比較熱情，她會和我聊聊，我則向她倒了許多垃圾，她聆聽的功夫讓人覺得安慰，也不會像父親、大哥一樣數落我的不是，擅長用柔軟的語言，給予我很多關心、溫暖，在外漂泊許久的傷口，也瞬間被撫平了。

除此之外，主要還是盼望能跟她借點錢、請她幫我洗洗衣服，家裡當時沒有洗衣機，我當時是個開車送貨的司機，工作服又多又髒，手洗衣服怕她太累，所以我告訴她如果太累，用腳幫我在浴盆裡踩一踩衣服也很好，只要有幫我就很感激。

除了幫我洗衣服，妹妹當時節儉生活、積極儲蓄，寧願挨餓也要存錢的性格，讓她成了四個手足之中最富有的人，而她總是義不容辭，幫助我這個放蕩不羈的哥哥。

然而說到這個妹妹，我始終沒有想到，她除了很會用「腳」洗衣服之外，也很會讀書，一個不被看好的五專生，原本以為只是混混文憑而已，想不到她竟考取了研究所。意外的是她一路以來的努力，經歷了很多挫折和訕笑，她都沒有放棄。

而且我壓根就沒有想過她還會寫小說，她早先的文筆拙劣，但她仍然大量書寫，也大量投稿，我記得是在很長的一段時間被兄長譏諷之下，竟刊出了著作，之後很快的在文學獎上嶄露頭角，那一篇〈流動的郵局〉寫得頗好，後來還出了書，我真心佩服她的毅力。

後來我跟儀婷比較密切的往來是因為孩子，當時她懷了老大，我的兒子也出世，我們幾乎天天通話，我們兩人面對各自的第一胎當然是很注意、很用心，把心思放在養兒育女之上，研究如何給孩子細心、妥善的照顧。

但要成就一個懂事聰明的孩子，何其容易？

儀婷的孩子漸漸長大之後，問題也就隨之而來。大女兒霸道、太有主見；二女兒拗脾氣的個性，常因為管教的問題讓她手足無措。我看到儀婷求好心切，說盡道理，最後也因太愛孩子，繼而時常罵她們，嚴重時也會給他們處罰，就連我的兒子不乖，也被她這個姑姑叫去一併處罰。

我不能說她有錯，但事實就是錯了，教養不當的問題持續下去，時間久了以後，親子關係就會變成一種疏離，孩子也會變得敏感，容易憤怒、頂撞大人，大女兒常常關在房間，不願與媽媽面對。這樣的問題茲事體大，怎能變成日常？她已經意識到嚴重性，但得不到方法。

所幸大哥崇建有學薩提爾模式，也推薦弟妹們都能一起學習，我其實在兒子出生那一年就參與過很多場講座了，但我學不專精。相對妹妹儀婷雖比較晚進入學習，但比較用心，也比較能參透冰山，進而內化。

她一頭栽進去鑽研，開頭是毫無頭緒，直到她不斷精進、反覆練習，終於開出了花，也結了美麗的果。

余秋雨說，最美麗的月色總是出自荒蕪的山谷。她一路摸索，一路詢問，從不得要領到現在，已經寫出了好幾本熱賣的教養書。這些書不管是其中的案例，或是那些易讀的重點，我打從心裡佩服，可以看見她的積極與努力。

如今儀婷再度將教養以更簡單的方式，推出了《一句教養》的影音課程和書，透過一句話的核心，帶領迷失方向的家長在教養的歷程中學習，更簡化薩提爾的溝通工具，衝突來了遵循「內、線、法」的處理原則，與孩子對話時謹記「聽、核、心」的要領，熟記步驟後便能時刻提醒自己。

儀婷準確的示範和孩子溝通時，時刻注意發音的位置，身體的姿態，所有父母都有機會改善親子關係，讓距離不再是距離，問題也不再是問題。

書籍裡收錄七個教養案例，好看、好閱讀，加深學習者對相同或類似的案例做提點，化為七句咒語心法，好記、好用、又方便，幫父母省下許多迷路的機會，直指教養核心。

父母不一定要很會用腳洗衣服，也不一定要很會讀書，只要我們還是愛孩子、愛家庭的父母，善用儀婷提供的方法，我相信只要透過練習，效果一定不容小覷。

翻手為雲，覆手為雨，一句話能傷人，一句話也能溫暖家庭。

推薦序

不是調皮，而是孩子啊

許榮哲（華語首席故事教練）

短短一句話，就可以讓人跌入地獄；相反的，同樣是短短一句話，也可以立刻讓人生出勇氣，綻放笑容。

底下這個發生在我們家的故事，就是最好的證明。

那一年，我的兒子五歲，就讀美語幼兒園。

有一陣子，他回家的時候，經常嚷嚷著：「我不想上學了。」

追問原因，才發現兒子好動，上課時會忍不住站起來走動，因此時不時就被老師罰站。

那時正好是學期末，即將要放暑假了，為了安撫兒子抗拒上學的情緒，太太特別選在學期的最後一天，親自到學校找老師聊聊。

太太是這樣想的，她希望幼兒園的老師在學期的最後一天，對孩子溫柔、寬容一些，以鼓勵代替處罰，好讓孩子在學期的最後一天，帶著美好的回憶離開幼兒園。

如此一來，當暑假結束，孩子必須重回幼兒園的時候，才不會心生抗拒。

在我聽來，這不過是個再卑微不過的願望，幾近於乞求了吧，可是沒想到，幼兒園的老師聽完之後，居然直接了當的回應道：「媽媽，一一他改不了了。」

改不了了？

改不了了？

改不了了？

這話像一擊重拳，直接朝媽媽的臉揍了過來，媽媽當場眼眶就紅了。

雖然難過，但太太理解第一線老師的難處，也明白人的慣性不容易改變，於是她轉而找另一個老師溝通。如果當時在現場的人是我，我早就爆炸了。

太太找到幼兒園的櫃檯主任，試著用更謙卑的口吻，說明孩子遇到的狀況。

太太說：「一一這孩子可能比較調皮一點，所以讓老師很頭痛……」

沒想到櫃檯主任當場打斷媽媽的話，然後說：「媽媽，不是這樣的。」

太太當場眼眶又紅了，難不成……

幸好櫃檯主任說出完全相反的話，她說：「一一不是調皮，他只是個孩子啊。」

「他只是個孩子」，一句話就讓我太太的眼淚當場掉了下來。

以上是白天發生的事，事發當時，我人不在現場。但底下是同一天晚上發生的事，我人就在現場。

同一天晚上，我去幼兒園接兒子放學。

當時，我人就在幼兒園外，隔著玻璃門，我看到兒子小小的身子，從教室搖搖晃晃走了出來，經過櫃檯時，主任叫住他。

隨後，我看見主任蹲下身子，一隻手摟著我兒子，雙眼平視我兒子的眼睛，並在他耳朵旁講了一兩句話，隔著玻璃門，我聽不見主任說了什麼，但我永遠記得那一幕——主任的一兩句話，就讓我兒子露出了久違的笑容。

直到今日，我還是不知道櫃檯主任究竟說了什麼，為什麼她的一兩句話，就能讓我兒子露出笑容？

同樣一個孩子，同樣一個地方，不同的人卻有兩種完全不同的觀點。你怎麼看待一個孩子，就怎麼影響了這個孩子。

一句話可以讓人痛苦不堪，一句話也可以讓人生出勇氣，綻放笑容。

每個人都值得更好的選擇，可惜大部分的人都把選擇權，讓渡給了不經思索的慣性，脫口而出的慣性幾乎主宰了我們的人生。

幸好現在有了李儀婷《一句教養》這本書，讓我們可以用最短的一句話，溫暖孩子，也重新奪回自己的人生選擇權。

推薦序

讓一句教養，接住被孩子氣個半死的你！

歐陽立中（知名溝通講師&雙寶爸，Podcast 節目「Life 不下課」主持人）

孩子是我們得來不易的寶貝，也是我們甜蜜的負擔。你還記得看到孩子出生那剎那的感動嗎？小小的寶寶，你一隻手就能托住，鼻子湊近，聞他身上的嬰兒香，還不時親吻他的肉肉的臉龐。直到孩子長大了，開始有自己的想法和行為，有些你也許睜一隻眼閉一隻眼，但更多的是你不得不處理的脫序和衝突。「教養問題」成為我們當父母最投緣，卻也最苦惱的共通話題！

關於教養，不像考試，沒有標準答案，但要好多年後，你才知道自己的教養在孩子身上，起了什麼樣的作用。偏偏，教養不能重來，孩子的人生也不行。就我看來，我覺得父母的教養類型分兩種：

第一種我稱為「C型父母」。C媽有兩個孩子，哥哥和妹妹。有次，全家出去玩，原本開開心心，但兄妹玩著玩著，開始吵了起來，哥哥一氣之下捏了妹妹，妹妹也不干示弱踹了回去，最後放聲大哭。C媽見狀氣個半死，想說帶你們出來玩還吵成這樣，臭罵哥哥一頓，也唸了妹妹一番。最後目的地是抵達了，但全家也沒心思玩了。

還有一次，C媽發現哥哥滑手機滑到半夜，違反家裡的規矩。C媽很生氣，她不想當專制的母親，想給孩子自由，沒想到孩子這麼不自律。於是C媽破口大罵：「給你自由你當隨便，老是給我半夜滑手機，想把我氣死是不是？」哥哥覺得委屈辯解說：「我只是偶爾一兩次，哪有老是……」C媽更生氣了：「你那是什麼態度！」

Ｃ媽沒有錯，她在教養上盡心盡力，努力拉著孩子回歸正途，但不知道為什麼，卻覺得好累好累，孩子也離她好遠好遠……

第二種我稱為「Ｓ型父母」。Ｓ媽有三個孩子，姐姐妹妹和弟弟。有次全家出門逛夜市，孩子吵成一團，姐姐推妹妹、弄弟弟，尖叫聲不絕於兒。爸爸氣到要回家，想不到姐姐還賭氣說好。這時，Ｓ媽想起了教養心法「內線法」：讓內在平穩、把持界線、連結家人。最後，Ｓ媽對姐姐說：「如果妳想先回車上，可以先回去；當然，如果妳願意，我比較希望妳能陪我去夜市吃飯。有妳陪著，我會很開心。」原先倔強的女兒竟然軟化了，衝突過後，全家仍開心享受這趟夜市之旅。

當然，挑戰接踵而至，S媽發現姐姐平板滑到半夜。這回她真的很生氣，畢竟她是那麼信任孩子。但她知道「情緒是大火，火來了記得快跑！」她決定忙完手邊家事，等情緒平穩後再跟孩子談。最後，她告訴姐姐：「我永遠對妳懷抱希望，我會鼓起勇氣相信妳說的承諾。只是，我擔心妳的眼睛，妳能不能告訴我，未來妳會用什麼方法來保護你的眼睛呢？」姐姐感受到媽媽的愛與擔心，決定請媽媽幫忙保管平板，她會努力自律。

C媽我們都很熟悉，那有著我們的影子，因為我們是多麼有責任感的父母，很怕孩子變壞，所以我們不自覺地用情緒管束孩子；但如果可以，這次，請你嚐試當一回S媽。她正是這本書《一句教養》的作者李儀婷，過去她曾也是C媽，直到接觸了薩提爾溝通，她領悟了「以連結對方為目標」的教養之道！

你放心，改變沒你想像的難，因為儀婷把這些教養心法，濃縮成「一句話」。當你在面對親子的情緒風暴時，讓一句教養脫口而出，你會發現，時間彷彿停止、風暴突然止息，而你們之間的愛，正在蔓延。我想，那正是教養最美的風景！

序

從薩提爾三字訣，到我的「一句教養」

有位母親，在一次講座中傾訴她教養上的困境：青春期的孩子在家使用三C不受控，父母想管束，孩子立刻情緒對抗，完全無法管教；在學習上又呈現散漫態度，而且目無師長。

母親在家中日日與孩子情緒衝撞，筋疲力竭。母親說，為了孩子，她傾盡全力付出，最後卻得到這樣的結果，她覺得很委屈，也很不值。

這是許多家庭中常見的情景。

家庭裡，我的身分亦是個「母親」，我很能體會同為母親的無奈與困境。

在家庭裡想要推動「薩提爾教養」，可以先將這句話牢記在心裡：

「情緒是大火，火來了記得快跑！」

情緒，在薩提爾模式裡，是中性的，沒有好或壞的影射，它只是「正常能量」的一種表現方式而已。

既然情緒是中性的，沒有好壞之分，代表可以隨意發脾氣？可以隨意罵人？可以任性妄為的在發脾氣時打人？

這些難道都是對的？

當然不是。

事實上，正確的說法應該是：「宣洩情緒是很正常的，但不代表我們能傷害他人。」

這意思就是：我們是自己的主人，我們擁有自己管理自己的權限，但管理的對象僅限於「自己」；越過自己跑去影響別人或管理別人，這個行為就叫「越界」。

換個更簡單的說法就是：當我情緒不好想發洩情緒，請找個不會影響他人的場所或自己的房間發洩，在這個場所裡，自己可以是自己的主人。

在「自己」與「他人」之間，需先清楚拿捏「界線」，在我們所屬的界線內發洩，並且不影響任何人，就屬於「正常能量釋放」。當心情不好時，我們可以：哭、難過、委屈、生氣；心情好時，我們可以：大笑、歡呼、手舞足蹈……這些都是正常的身體反應。有了這些情緒的流動，身體才能調節壓力，讓內外的壓力達成一致，不至於爆破。

關於情緒，我在《薩提爾的親子情緒課》裡有詳細介紹

「情緒」的運作。包含如何回應孩子高漲情緒的「方法」，當我們對情緒有完整理解後，就能清楚明白：情緒當下，需要的是讓情緒奔流，而非急著處理問題。

因此當衝突發生，身為父母的我們，先別急著對話，先觀察一下，自己和家庭成員的情緒是否穩定，如果是穩定的，我們便能安心對話。萬一自己和孩子或先生的情緒起伏波動很大，把問題放一邊，先離開眼前的問題，找個安靜的地方，讓情緒好好奔流，而不是急著溝通，因為在情緒奔流的衝撞當口溝通，只會讓彼此都被大火灼傷，對處理問題沒有助益。

在任何時候想與孩子溝通之前，請審視自己內在是否適合對話。如果覺察到自己的情緒有劇烈起伏，請務必記得：「**情緒是大火，火來了記得快跑！**」

然而，雖然衝突讓家庭裡的每個人都筋疲力竭，但我深信「**每一次爭執，都是關係和諧的新契機**」。與其擔心衝突，不如將它視為關係的轉機，因為衝突會讓關係出現裂縫，我們便能用貼近的語言靠近孩子，讓關係的裂縫重新灌漿，連結孩子的內在。

那麼，該如何運用對話，拉近親子間的距離？

我走過親子衝突的戰場，也走過學習對話的迷霧路徑，我深知與孩子溝通時父母的焦急心情，愈想要使用語言的力量連結孩子，愈難跨越過去語言的慣性，每每都挫敗收場。

能不能用「一句話」扭轉親子關係？如果記不住任何對話工具，是否也可以用「一句話」牢牢連結孩子？

薩提爾模式是成長模式，適合運用在各個關係中，不以「解決問題」為導向，而是以「連結對方」為目標。為此，我提煉出適合所有親子關係的「一句教養」，以溫暖的語言，連結孩子的內在，讓每一次爭執，都能成為父母連結孩子的契機，也讓孩子在成長的過程中，感覺被愛。

根據我的經驗，在使用「一句教養」之前，也想提醒爸媽與每一位陪伴孩子的照顧者，請務必熟記「內線法」，這是由三個我認為十分重要的內涵所組成：

「內」：內在

指我們都需具備穩定的「內在」，因為真正的溝通，是建立在情緒「平穩」的狀態上。在跟孩子展開對話之前，先確認自己的內在是否足夠穩定，如果夠穩定，才走向「界」的步驟；如果發現自己內在有巨大的情緒，那麼請記得「**情緒是大火，火來了記得快跑。**」先放下問題，讓問題跑一會，寧可不處理也好過貿然進場，最後遭到大火紋身。

「線」：界線

界線，是人與人之間相處的安全距離。若放在學校，則稱之為校規；若放在家庭中，則稱為家庭規範。界線會因地域或對象的不同而有所調整，這是為了讓群體的人們相處時能有個依歸，也能更和諧。

「法」：方法

能處理親子衝突的方法有很多，在本書中使用的方法以「對話」為主，而「聽核心」是我極力推廣的對話步驟，能讓父母真誠貼近孩子，讓孩子感覺被愛。

當內在穩定，界線確認清楚之後，面對衝突，我們才能依序進入方法。

‧聽：傾聽
‧核：核對
‧心：用心欣賞

關於「聽核心」的詳細使用方式，可以參考《薩提爾的親子對話》與《薩提爾的親子情緒課》的對話示範，以及我的線上影視課，將更能掌握使用薩提爾溝通時的神情與語氣。

一句教養
線上課程

看過棒球比賽嗎？打擊者想要得分，首要的動作就是必須「先把直面而來的球，打擊在界線內」，如此一來才會是一次有效的打擊。

處理家庭衝突也是一樣的道理，想做出有效的對話，首要的步驟，就是先把球打在「內線」，這就是「內線法」的由來。

在這本書中，我用家中常見的七道親子議題為示範，以「內線法」為處理原則，在對話的前、中、後，示範薩提爾精神的對話，時時刻刻好奇孩子的想法，藉此貼近孩子內在為核心。

這些實例所展現出來的對話，也許剛開始無法理解緣由，這很正常，畢竟這是陌生的說話方式。但只要多看幾次，慢慢就能理解其中對話的脈絡，若要使用，可以試著從「一句教養」的語言著手。

「一句教養」的目標，意在「連結」孩子，因此**可以將它視為對話的「關門句」來看待**，只要將這句話送出去給孩子，孩子會感覺到自己深深被愛，讓親子間的連結永不斷裂，希望孩子將此視為成長的養分，讓孩子在愛裡成長。

薩提爾女士曾說：「問題本身並不是問題，如何面對問題才是問題。」因此「一句教養」的目標不是用來「解決問題」，而是以「連結孩子內在」為核心。

願所有孩子**在薩提爾的陪伴下，都能成為具有生命韌性的主人**。

能一起面對困難，即使無法解決也很美好。

01 選擇與承擔——夜市前的路旁大爭吵

核心渴望

每個人都渴望自由，希冀自己能享有自由的權利。

然而自由，是建立在「承擔」的基石上。能夠承擔後果的人，才能擁有相對應的自由，能承擔的重量愈大，享有的自由也就愈多。

因此「選擇」與「承擔」，是相對應的課題，兩者相互影響。不管是孩子或是大人，都必須為自己的「言行舉止」負責，無論面對什麼樣的情況，我們都該擁有表達的權利；相對的，我們也必須為說出口的言語，做出來的舉動負責，這就是「選擇」與「承擔」。

一如我們在盛怒下選擇摔壞他人的物品，那麼我們就得承擔賠償的責任，這就是「選擇與承擔」的因果關係。

父母教養孩子時，需要以身作則為孩子示範「承擔」，如此一來孩子才能在長大的過程，一面汲取「自由的權利」，一面也承擔「自己的責任」，這是為了讓孩子成為一個完整的大人所必須具備的能力。

重回火線的融冰示範

初春的晚上，家中三個孩子想逛夜市，我和先生欣然答應，領著三個雀躍的孩子立即開車前往。

一路上，三個孩子情緒高亢，卻一不小心引發一場災難。老大三三因為車子座位狹小，對妹妹川川動手又動口，車子裡瞬間成了戰場，在這樣狹小的戰場裡生存的每一個人，都成了犧牲者，我和先生的處境可想而知，完全沒了逛夜市的好心情。

好不容易車子抵達夜市，為了停車，又折騰了許久才找到一處停車場。這之中孩子始終沒忘記鬥嘴、打鬧，車子裡的哭聲尖叫聲此起彼落。

終於將車子停妥，一家人漫步走到夜市，總算要展開夜市之旅，老么一一卻哭泣大叫：「姐姐推我！」

先生終於按捺不住情緒，大喝一聲：「都不要逛了，回家！」

先生此話一出，三個孩子各個哀嚎哭鬧抱怨。

而我一聽聞先生的反應，立刻停下腳步，看著先生。

我是家庭裡重要的母親，也是家庭中第一個改變者，我的所有反應、回應的語言，以及我看待事情的觀點，都將影響著家庭裡的每一個人。

不只是我，每一個家庭成員都擁有強大的能量，任何一個人的行為都擁有牽動所有人的能力，影響其他家人對這個事件的看法與反應。因此不管是誰，在衝突發生的當下做出的任何反應，都將能左右「事件發展」的走向，尤其身處家庭重要位置的我更是如此，所以該如何回應、成為孩子學習的榜樣，每一步都相對重要。

我看著先生，想釐清「先生要求回家」這個語言是認真的？還是情緒上的語言？

如果是發自內心真的不想逛街了，那麼身為太太的我，勢必會配合先生的想法，才不至於讓先生感覺孤立無援。然而如果是情緒上的語言，那麼最好的回應方式是「情緒是大火，火來了快跑」，因此放手讓先生的情緒奔流一會兒，比起回應先生來得重要。

沒想到我還沒確定先生的語言含藏著什麼樣的訊息，三個孩子聽到爸爸說的話，馬上沉不住氣，立刻做出反擊，只是三個孩子反擊的方式不一樣。

老么：為什麼？我才剛來！

老二：吼唷，每次都這樣，爸爸很討厭捏。

老大：走就走啊，回家就回家，反正我無所謂。

孩子的反應，剛好呈現出三個孩子的年齡差異。

我沒有開口表達自己的立場，因為對我而言，孩子太吵，我不會有很大的困擾，我內在穩定（內線法），所以能不被影響；然而先生卻無法承受這樣的吵鬧，所以我尊重他的決定，只要先生決定回家，我會同意先生的做法。

這時，先生看著老大三三一副無所謂、滿不在乎的模樣，愈看愈生氣。

先生對三三大吼：「就是妳每次在車上都欺負妹妹，我才會這麼生氣，我就見不慣妳每次都這樣弄妹妹。」

三三挨罵，立刻大聲回擊：「又是我的錯？你每次都說是我的錯，每次都是妹妹先弄我，你都不看，每次只會怪我！」

先生：「妳妹妹只弄妳一小下，妳每次回擊都很大力！」

三三狂吼：「吵死了，隨便你怎麼說啦，愛說去說，我不在乎！反正要回家就回家，無所謂！」

三三一腳已經踏進前青春期年齡（11歲），那是我第一次看見三三無畏馬路上人來人往的人潮，以及行人投來的異樣目光，站在車水馬龍的路邊，對著爸爸嘶吼。

這景象讓我感到驚訝。

過去，三三非常在乎旁人的眼光，如今卻無視外人的存在，只為了要捍衛自己的主權，發洩內在的委屈。

我能感覺三三長大不少，反擊的力道也非常強勁，這是孩子長大的表徵。

三三怒吼完之後，拉著我立刻就往停車的方向走。

三三說：「媽，我們先回車上，反正是爸爸說要回家的。」

川川和一一則在原地哭鬧、認錯：「我不要回家，我不會再吵了啦。」

先生也愣在原地，完全沒有意料到自己隨口說出來「要回家」的氣話，三三竟然當真，面對老二老么悲傷哭鬧，老大的離去，一個家庭的樣貌在我們的面前當場被撕裂。

這是家中常見的景象，尤其隨著孩子長大，臨界青春期的孩子擁有愈來愈多的力量，一旦發生衝突，展現出來的反擊威力也日趨暴烈。

身為家庭的母親，面對先生與孩子間的爭執，究竟該做些什麼？

我選擇溝通的本心是：「連結家人，遠比改變家人更重要。」

這也是「一句教養」的初心，無論我即將說什麼話，做什麼樣的溝通，目標從來不是為了改變孩子，也從不企圖改變先生，我只需要做到「連結」，因為只有連結，才能讓家人在爭執時，不受到撕裂的傷害。

因此當三三拉著我往回走，兩個幼小的孩子在一旁哭泣，而先生在一旁手足無措時，我心裡想的是「**這裡的每一個人都需要被連結，但我該先連結誰呢？**」

在場包含我一共有五個人，那麼就代表有五座冰山，如果以冰山的重要性來排列，需要照顧的冰山依序就是：

1. 自己：內在的冰山要夠穩，才能有能力去照顧他人。
2. 先生：在家庭中，自己與先生的位階是一樣的，擁有一樣的權限，排序自然優於所有孩子，因此伴侶最好的相處方式是成為彼此的支柱。
3. 孩子：現場的孩子有三個，此處就有三座冰山，但衝突發生在三三身上，因此此處以三三的冰山為主。

我看著先生，先生也看著我。在我決定介入先生與三三的爭執前，我慣性審視自己的「內線法」準備好了嗎？

內在：我的內在是平穩的，對先生與三三並沒有存著偏頗的觀點。

界線：家人可以爭執，但不該言語或肢體傷害彼此，這是我應該把持的界線。

方法：對話時，時刻「聽核心」，而對話的目標放在「連結」家人，幫助家人走向彼此。

我詢問先生：「他們很吵，確定現在要回家嗎？」

先生抱怨：「不回家還能怎麼辦？他們一路吵，這麼吵幹嘛還帶他們去夜市，尤其是三三，身為老大帶頭吵鬧就算了，還欺負弟弟妹妹，我最看不慣就是她。」

我想確認先生真正的訊息，但先生似乎還被內在不滿的情緒給羈絆，因此我只好將先生「統統回家」的決定視為決策來配合。

我點著頭，一旁的三三則加快拽著我往回走的腳步，放棄再與爸爸溝通和抗辯。

三三：「媽，我們上車，不要管他們了。」

我看著三三，我知道此刻回應戰爭最好的方式就只剩下「情緒是大火，火來了快跑」。為了避免先生與孩子再起爭執，我決定先拉開孩子與先生的距離。

我對先生說：「那好吧，我帶著三三先回車上等你們，你們可以逛一下，也可以跟我們一起回去，總之我先帶三三離開。」

沒想到我這個舉動，讓原本被情緒控制的先生，突然神色扭曲，意識清醒了。

先生改口：「好啦好啦，我們一起逛一下，至少吃個晚餐再走吧！」

先生的示軟，讓我明白剛剛先生說「統統回家」是氣頭上的恐嚇，那是先生的情緒語言。

只是先生的覺察來晚了，雖然先生反悔了，希望我改變回車上的決定，但我已經應允三三回車上等待在先，我得為我說出口的話負責，遵守回車上的承諾，未來才不會失去孩子的信任。

雖然這個決定對先生有些抱歉，但這個決定也能間接傳遞「每個人都需要為自己說出口的言語負責」給先生，盼望他下一次在情緒翻攪的當下，說出口的話要額外謹慎，避免使用情緒語言，傷人又傷己。

我拍拍先生的肩膀：「雖然我也很想去逛逛，畢竟好不容易才能來這一趟，但剛剛你先說要統統回家，我才答應帶三三先回車上，現在也不好反悔，真是抱歉呀！除非三三也改變心意，一起去逛夜市，但看起來三三比較想回車上，所以我帶三三回車上等你們吧，你們想逛的話就去逛一下，沒關係的。」

我的話才剛說完，三三立刻拽著我，邊走邊回頭對爸爸說：「我們回家，你高興了吧！」

先生責罵：「還不是因為妳！」

三三則回以重擊：「我都要回車上了，兇屁！」

聽到三三的這句話，我立即停下行進間的腳步。

三三：「媽妳幹嘛，怎麼不走了？」

我認真的凝視著三三。

三三：「媽，走啊！看我幹嘛？我們走啊！」

我搖搖頭，緩緩的對三三說：「我的車鑰匙給妳，妳先回車上吧，我改變決定了。」

三三瞪大眼睛看著我，質問：「為什麼？妳剛剛明明說要先跟我回車上等的呀？妳為什麼反悔？妳為什麼騙我？」

在人來人往的夜市入口，三三對著我大吼。

我緩緩的解釋：「剛剛答應妳時，是因為爸爸一開始也決定要回家，所以我尊重爸爸的決定。後來爸爸反悔了，但我沒有改變帶妳回車上的承諾，那是因為我想為我說的話負責，也對妳負責，但現在我發現妳把我陪妳回車的心意拿來對爸爸耀武揚威，甚至對爸爸爆粗口，非常不禮貌，這已經違背了我想陪妳回車上等待的本意，所以我現在決定先陪爸爸帶著弟弟妹妹在夜市裡吃個飯，然後再回家。如果妳想先回車上，我的車鑰匙可以先給妳，當然，如果妳願意，我比較希望妳能陪我一起去夜市吃個飯，有妳陪著，我會很開心。」

三三撇撇嘴：「我不想吃飯！」

我：「那就坐我旁邊，不吃飯也沒關係。」

三三的臉色扭曲，過了一會兒才趨於緩和。

她大嘆一口氣，哀怨道：「好啦好啦，我陪妳去，但是我不吃飯，我坐在旁邊看你們吃就好。」

我開心：「妳能一起去，真是太好了，能坐旁邊我就開心了。」

一家五口原本四分五裂，透過簡短的幾句對話，又重新整裝待發，浩浩蕩蕩的走進夜市，尋找了一處牛排店，而三三不僅坐在我旁邊，還點了一份牛排餐，吃飽喝足一家人才滿意的離開店家。

一句教養

在快節奏的生活裡，父母疲於奔命回應孩子所需已經困難重重，教養有如天方夜譚，如果能在「行進間」就能使用的教養方式該有多好！

上述整段事件裡，對話來去快速，閱讀過程中你可能還沒搞清楚發生什麼事，家庭紛爭就突然解決了，如果你來不及釐清對話脈絡是如何運行的，沒關係，只要將最重要的「一句教養」記下來，在下次家庭中如果發生類似情況，記得對孩子說出這「一句教養」，就能讓孩子感覺到愛，不至於讓孩子走遠，讓親子關係得到連結。

薩提爾的一句教養

融冰親子關係，獻給感到心累、無助的你

「我希望你能陪我一起去夜市吃個飯，有你陪著，我會很開心。」

吵架也是可以和好的。

後記

這個實際案例的對話，雖然已經做到了連結孩子，卻並未幫助孩子和先生走向彼此，因此若要幫助父女間的關係，對話還差最後一哩路。

一家人吃完晚餐後，先生像是為了贖罪，幫三個孩子各買了一個所費不貲的昂貴冰淇淋。趁著三個孩子吃冰淇淋的時光中，先生趕忙去購買我和他愛吃的點心。

在等待先生回來的空檔，我也藉由後續的對話，讓三個孩子能明白我的立場以及家庭規範，讓親子教養的陪伴更趨於完整。

我：「冰淇淋好吃嗎？」

三個孩子們紛紛點頭，大口吃著冰，每一口都露出滿足的笑容。

我：「好吃就好，這個冰淇淋頗貴，不便宜，你們的爸爸居然讓你們一人享受一支，真大方。」

孩子們紛紛點頭：「對呀，爸爸對我們都很大方，很多東西都很捨得幫我們買。」

我笑了：「是呀，這部分媽媽就不太可能做得到，爸爸比媽媽大方多了。」

孩子們笑了。

我：「爸爸對我們很好，不只買東西給我們吃，也經常為我們跑腿，而這些花費，也都是爸爸辛苦努力賺來的，所以對媽媽而言，爸爸很偉大，媽媽很尊敬爸爸。」

三個孩子看著我，臉色有些異樣。

藉由我「重新定義」爸爸在我心裡的位置，孩子也將會重新看重爸爸的位置。

我又道：「爸爸很努力的賺錢養家，讓你們有好吃的冰淇淋，這是爸爸對你們的愛，媽媽也很愛爸爸，所以希望你們對待爸爸要有禮貌、懂得尊重，時常你們對爸爸發脾氣，媽媽會很心疼爸爸，這麼努力為家人打拚，得到的卻是孩子們的不尊重，這對爸爸來說很不公平，希望你們都能重新調整對待爸爸的態度，尤其是三三，剛剛妳對爸爸說了不好聽的話，這是不對的。」

三三點點頭：「好，媽媽，我知道了，我會改進。」

其餘兩個弟弟妹妹也跟著附和：「好，我們會對爸爸禮貌。」

在這短暫的對話中，我給予了我的界線：要禮貌。也給予了我的態度：爸爸對我而言很重要，我很愛爸爸。孩子聽聞後，就更懂得學習如何敬愛爸爸的相處模式。

如此一來，我與孩子們共同將最後一哩路的對話補足，對話也更完整了！

你也曾遇過類似的家庭風暴嗎？如果這事情發生在你與家人身上，屬於你自己的「一句教養」會是什麼姿態與樣貌？你會用什麼方式來與家人連結呢？

02

真相與謊言——不想陷入危險，也不想說違心之論

核心渴望

這一篇章要談的議題是「真相」與「謊言」。

有位朋友向我訴苦，孩子拿錢去學校吃中餐，把大約七十元的午餐錢花光了，朋友詢問孩子中午吃了什麼，想計算孩子真正吃掉的費用，但孩子說不出來，最後才坦言自己被同學欺負，同學把她身上的錢都拿走了，所以孩子什麼都沒有吃。

朋友聽到後憤怒至極，將自己的孩子痛罵一頓，原因是「孩子居然對她說謊」，對於孩子遭到霸凌，反倒不是她第一時間想處理的問題。

只要一觸及孩子說謊的議題，父母就會湧上許多情緒：只是要求孩子誠實，明明這麼簡單，為什麼孩子總是要說謊？

身為父母，總也想不明白孩子到底在想什麼？說謊的好處到底是什麼？明明謊言被揭穿之後，會被打得更慘，罵得更狗血淋頭，說謊的下場如此慘烈，為何孩子仍學不到教訓？

然而什麼是真相？什麼又是謊言？

對父母而言，可能這個問題過於迂腐，真相如此易懂，說謊就是行為不端，這麼簡單的道理，還有什麼可以探討的？

其實，真相與謊言，往往只有一線之隔。探究「對」、「錯」是主觀判斷，聽聽孩子的心聲，我們會恍然大悟「原來孩子是這樣看待問題的呀！」說不定我們還會讚嘆孩子的反應力。

所以，面對這類的議題，父母得先學會別被「謊言」蒙蔽了我們的智慧。

——

重回火線的融冰示範

三三小學五年級時，學校某個科任老師以嚴厲兇狠著稱，上課時總是對學生咆哮。

三三說這個科任老師每一次上課就只會罵人，上課時也極盡偷懶之能事，只是順唸課本的字句，不許學生上課發問，更不可能討論，甚至連一丁點聲音都不允許，因此額外補充教材在他的課堂上都是一種奢求。

這個科任老師的課，成為了三三最痛苦的一堂課，完全收穫不到任何知識，而且非常高壓，同學與她都敢怒不敢言。

孩子們都有志一同的討厭這個老師，不喜歡和老師一起學習。

科任老師不知從哪兒聽來孩子們對他的評價，一時興起，在上課過程向學生發出調查。

老師說：「有人說我很兇，但是我不覺得，既然這樣，我讓你們來舉手表決，你可以舉手投票『覺得老師很兇』，也可以舉手投票給『覺得老師沒有很兇』，不管結果是什麼，我都不會對你們生氣，你們可以自己投票發表意見。」

面對這樣的投票，身為父母的我們，究竟要教孩子誠實投票？還是教孩子說謊圓滑？

該怎麼教，才是好的教養？

過往的教育，老師與父母總是教我們要誠實，然而誠實的同時，又教我們要與人交好，和善相處，以和為貴。

面對老師的提問，若是誠實，那麼全班可能都會投給「老師很兇」，老師如果因此心靈受傷，很可能會處罰孩子不懂得尊師重道。

該鼓勵孩子誠實投票嗎？

如果以和為貴，那麼孩子們必須泯滅自己內在真實的聲音，投票給「老師沒有很兇」，如此一來，不就等同變相的鼓勵孩子說謊？但父母不是對孩子諄諄教誨「不能說謊」嗎？

面對這一道兩難的課題，該怎麼教育孩子？

絕大多數的父母，在愛孩子心切的前提下，應該會希望孩子「以保護自己為前提」，教育孩子「說謊也是為了生存」的道理。既然如此，父母看待孩子「說謊」時，能否也以此信念來看待孩子？

當發現孩子有說謊的行徑時，如果能先詢問孩子遭遇了什麼，貼近孩子內在的感受，再來討論孩子的行為將會為他帶來什麼樣的後果，讓孩子透過「選擇與承擔」學習，重新思索「說謊」的行徑是否需要修正，才能帶領孩子走上「成為生命韌性的主人」道路。

如果父母能以這樣的心情去面對孩子說謊，那麼父母才有機會能靠近「真相」，而不是以表面的行為來判斷孩子「對」與「錯」。

三三班級那場投票以舉手表決的方式完成，最後結果以十四：十五，一票之差，顯示老師在孩子們心中「沒有很兇」。

老師雖不滿意這答案，但也接受這樣的結果。

在我決定與孩子聊聊這場「說謊」與「真實」的課題之前，照例也先審視自己：我的「內線法」準備好了嗎？

內在：因為這個事件並不是突發的衝突，並不會引起我內在波動，而說謊的行為不會對我造成困擾，因此我的內在是平穩的。

界線：我對「說謊」這個課題並沒有太多的設限，我採取開放的方式，只要不以傷害他人與自己為前提，並且能承擔後果，那麼孩子就有「選擇」的自由。

方法：對話時，時刻採取「聽核心」，以貼近孩子為目標，在對話過程中，時時刻刻連結孩子，讓孩子知道無論在什麼樣艱困的環境下，我都會永遠陪伴她。

確認好自己的「內線法」已經準備好，我開啟了對話。

對於班級票選只差一票的結果，讓我好奇三三最後投票給「說謊」還是「誠實」？而她又是如何看待老師的舉動與票選？

我問：「妳怎麼看科任老師這次票選？」

三三：「媽，我才不相信老師會安什麼好心咧，這肯定是個陷阱。」

我：「哦？怎麼說？」

三三：「老師肯定暗中觀察誰投票給『很兇』的同學，然後找機會報仇。」

我：「是嗎？所以妳選擇投給『不兇』？」

三三：「怎麼可能！我才不想說謊，他明明就很兇，而且所有人都討厭他，誰投票『不兇』，不是頭殼壞掉就是怕被老師罵。」

從三三說話的內容裡，我看出三三對這個事件有所堅持，儘管害怕老師會對誠實的學生施以報復，但她同樣拒絕選擇「說謊」，因為那有違自己的本意。

在這個議題上，三三既想保護自己安危，又希望不違背自己良心，表示她在人際互動上是懂得先保護自己，一切以自己的安全為優先，這是我很欣喜的地方，我更好奇她最後的選擇是什麼了。

我點點頭：「所以妳投的是？」

三三搖頭：「我『放棄』投票，因為我既不想公然說謊，又不想被老師暗地報復，所以我沒舉手。」

我：「哦，原來如此。」

三三有點自責：「可是就因為我沒投，害投票的結果十四：十五，差一票。」

我：「這會怎麼樣嗎？」

三三：「因為投給『不兇』的多一票，所以老師說『看來說我很兇的同學，說的不是事實』，這樣讓人很不舒服。」

我：「所以如果重選，妳會投給『老師很兇』？」

三三想了想：「可能……還是不會吧，我還是怕老師會暗地處罰我們，應該還是會放棄投票。」

在強權的環境下，三三能保有自己的想法，不畏強權，在忠於自己的同時還能保護自己，以自己的安危為優先，這是我最想教會三三的成長歷練，沒想到三三不知從什麼時候早已學會了。

我：「我很高興妳能以保護自己為優先考量，才去思考如何面對老師的這道難題，不管妳選擇什麼，我都信任妳的決定。很高興妳能告訴我這些事，這代表妳是信賴我的。」

在謊言與誠實之間，孩子肯定有著「不得不這麼選擇」的理由，當父母一貫的要求孩子不要說謊，一定要說實話的同時，我們也得清楚知道實話可能會帶來的危機。

沒有一套教養方式是永遠不敗的定論，在絕對的對與錯之間，永遠無法完美滿足每一個人的期待，如果父母能以貼近孩子為目標，那麼謊言與真實就只是一種過程。

如果我們能明白「教育是理想的想像，而現實是需要靈活的應對」，也許能夠看清楚「謊言」與「真相」這道選擇題，就只是一道生存法則而已。

這意思是，孩子說謊只是「求生存不得不」的一種選擇罷了。

父母如能在應對的過程中，理解自己想要的並不是「孩子不說謊」，而只是「希望自己被孩子信任」，那麼在對話過程中，就能發展出信任孩子的語言，給予孩子無條件的支持，連結孩子給予足夠的愛，孩子也將更信賴父母，勇於對父母說出真相。

一句教養

在快節奏的生活裡，父母疲於奔命回應孩子所需已經是困難重重，還要處理孩子各種行為問題，教養有如天方夜譚，如果能在「行進間」就能使用的教養方式，是薩提爾模式注重的精神，也許能減少父母的壓力！

上述實例中，我與三三的親子關係相對和諧，因此在對話與探索的過程，都是以「貼近」對方作為目標，過程中沒有滲入教導或說教的企圖，這樣的對話方式，是薩提爾模式注重的精神，值得父母試試看。

我對「說謊」並沒有絕對的批判，因此才能在過程中有機會聆聽孩子真正的想法，親子也才能更靠近。

教養並非一蹴可成，如果還拿捏不準「傾聽」的姿態應該如何展現，沒關係，下一次如果孩子也遇到類似的情境，只要記住保持內在平穩，在對話結束之前，告訴孩子最重要的「一句教養」，這句話蘊藏的意義是「打造孩子信賴的橋樑」，讓孩子往後能持續勇於對父母訴說實情，父母才有機會時時連結孩子內在的渴望，讓孩子在愛裡長大。

薩提爾的一句教養

融冰親子關係，獻給感到心累、無助的你

「我很高興你能以保護自己為優先考量，不管你選擇什麼，我都信任你的決定。」

不選擇也是一種選擇 ◡̈

你也曾遇過孩子說謊的情況嗎？如果這事情發生在你與孩子身上，屬於你自己的「一句教養」，會是怎樣的姿態與樣貌？你會用什麼方式跟孩子連結呢？

03

公平與匱乏——手足爭寵的衝突，如何能解？

核心渴望

只要家中有兩個孩子以上的父母，肯定都會遇到「公平與不公平」的課題。

一個家庭，不管生幾個孩子，父母能提供資源的總量是不會變的，這意味著孩子如果生得多，能分到的資源相對就少，父母生得少，能得到的資源就愈多。

每個孩子為了爭取足夠資源，為自己謀求更好的發展，肯定會為此搶破頭，這是動物生存的自然本能。因此在養育孩子的過程中，父母聽見孩子為了爭奪資源而發出的咆哮聲，或者在不經意的某個日常，孩子會嚷嚷「不公平」、「你都不愛我」等等的語言，這是非常正常的景況。

然而孩子要的真的是「公平」嗎？

其實不然，孩子要的，只是「關注」，畢竟面對有限的資源，孩子必須要想方設法幫自己取得最好的位置，而呼叫、批判、打鬥則是最快速能讓父母注意的方法，如此一來父母就有機會給予特別照顧，這是家有手足的家庭會發展的競爭行為，不是父母沒有給孩子愛，而是孩子想要被獨特的對待，因而有了求生意志與動物本能。

因此這個課題與其回應孩子「公平對待」，不如給予孩子「獨特的愛」會更貼近孩子的想望。

該如何回應孩子？

父母只需要真誠而坦然的愛孩子，並且將它告訴孩子，便能讓孩子一次次得到飽足的愛。

重回火線的融冰示範

二女兒川川五歲時，曾在車子上對著我哭吼：「妳都不愛我，只愛姐姐！」那個畫面讓我至今都忘不了。

那一天，我帶著川川和姐姐三三一起出門遊玩。

三個人走進車庫準備開車時，我按例用遙控器打開車門，讓腳程比較快的川川先上車，我和大女兒三三則在後頭跟進。

然而就在我的腳剛跨進車子裡時，大女兒三三發出一聲尖叫。

我扭頭一看，看見三三被地上的擋車板絆倒，重重的跌倒在地，雙膝瞬間重擊在地上，痛得三三大哭起來。

看那姿勢，我知道三三跌得不輕。

我來不及幫已經上車的川川開冷氣，先快步靠近三三，察看三三膝蓋的傷勢。

三三兩個膝蓋都擦傷破皮，而且腫得不輕。

我：「還好嗎？」

但是回應我的不是三三，而是車上的川川。

川川大吼：「不好不好，我不好，我好熱、我好熱！車子好熱！」

我回頭安撫川川：「好，媽媽馬上幫妳開冷氣，只是姐姐受傷了，我先照顧姐姐一下。」

沒想到川川聽見我說的話，變本加厲：「我不要，媽媽壞，媽媽不公平，媽媽只愛姐姐，我也很熱啊！我為什麼要先上車？我也不要上車了，我要下車！」

川川氣惱的走下車，來到我的身邊對著我哭吼。

我解釋：「姐姐受傷了嘛，我照顧一下姐姐，等等就去幫妳開冷氣了嘛！」

川川跳針：「我已經說好熱了，妳都沒理我，妳一直理姐姐，妳比較愛姐姐，妳不愛我，都不愛我！」

身為一個母親，背負著照顧孩子的責任，姐姐受傷，我先關心受傷的姐姐，有什麼錯？憑什麼要受到二女兒的責怪？

我的委屈和憤怒一下子也湧上來了，面對這個不實的指控，我很不舒服，為什麼幫姐姐看一下傷口，對她就是不公平，不愛她了呢？

川川哭吼：「妳都只愛姐姐不愛我，不公平！」

面對兩邊都需要我的孩子，我有種分身乏術的無力感。

「我很熱、我很熱！妳都不愛我！」川川不停咆哮：「我熱到受傷了，我的皮膚受傷了，妳也要照顧我。」

面對一個已經失去理智的川川，我知道最好的回應方法就是「情緒是大火，火來了快跑」一途了。

我搖搖頭，詢問三三：「妳還能走嗎？我先上車開冷氣，等等來抱妳上車，行嗎？」

三三忍著疼痛說：「媽媽我可以自己走，妳上車開冷氣吧。」

我鬆開對三三關心的手，手腳俐落的上了車，開了冷氣，並且刻意把冷氣開到最強，車裡瞬間涼爽了。

我跟川川說：「冷氣來囉，很涼吧。」

然而任何動作都澆不息川川的憤怒。

川川爬上車後，依舊固執的嚷嚷：「太慢了，來不及了！妳都不愛我。」

川川仍舊不停的跳針，指責我只愛姐姐不愛她，抗議我對她不公平。

川川蠻橫無理，在她無情的指責下，我感覺到自己的煩躁，而這煩躁底下，牽動著過往我對我自己父親的抗議情緒。

過往，我也曾這樣指責過父親。

在我的認知裡，父親是個重男輕女，諸多偏心的爸爸，對於這樣的爸爸，我從很小的時候就下定決心，長大以後，我一定要做一個絕對公平的大人，然而沒想到物換星移，我一直覺得自己非常公平，卻在這天被二女兒指控自己是「不公平」的大人。

面對孩子指責，我要面對的不只是孩子的憤怒，還有我過去懸而未決的情緒堆疊。

過去的陰影，因為川川的指責，全部被召喚了，然而我清楚知道這與川川無關，川川只是喚醒了我過去的心結與傷口。

要想開啟對話，回應川川的情緒，我得先核對自己「內線法」是否都一一安頓恰當，我快速的調整自己，逐一審視自己是否備妥開啟對話的能力。

內在：如果過去的心結讓我久久無法回穩，那麼「情緒是大火，火來了記得快跑」，暫時放下問題是唯一的方法，先好好穩定自己內在，事後再來與孩子對話。

界線：孩子口中說的「不公平」只是要向我表達「她需要我的愛」，我能好好的給予孩子愛，而不覺得委屈嗎？我能不能坦承自己做得不夠好而不辯解？不因孩子的言語而感覺受傷嗎？這些都是需要清楚的界線。

方法：當決定開啟對話之後，對話的目標不在辯解自己有多愛孩子，相反的，應以貼近孩子為目標，時刻採取「聽核心」的步驟。

開口與川川對話之前，我一邊開車，一邊做了幾次深呼吸，我告訴自己：我是個努力的媽媽，一直朝著自己喜歡的「母親樣子」前進，我值得欣賞自己的努力。

而川川，她只是想要媽媽的重視，得到媽媽的愛，卻因無法準確表達，只好利用哭鬧的方式來索取愛，這不是孩子的錯，而是孩子天生的本能。

我無須辯解自己有多愛她，一個感覺不到愛的孩子，再多的辯解，也無法讓她感覺到被愛。

所以在這個時刻，我需要的是安頓好內在，看清川川情緒底下想要的只是「渴望母愛」，如此而已。

穩定好內在，確定好對話的目標之後，我與川川揭開「聽核心」的對話。

我一邊開車，一邊調整車內的冷氣空調，一邊聽了一會兒川川的哭鬧。

我嘆了口氣，問：「妳覺得媽媽不愛妳，是嗎？」

川川尖叫：「對，妳只愛姐姐，妳都不愛我。只照顧姐姐，都不照顧我，車子裡很熱，妳卻只顧著姐姐的膝蓋，不公平。」

我點點頭。

我緩緩的又問：「妳是從什麼時候開始覺得媽媽不愛妳的呢？」

川川不假思索的回我：「從我出生開始妳就不愛我！」

聽到川川這句話，我忍住笑意，不讓自己笑出聲，我心裡想的是，嬰兒哪裡能分辨愛與不愛呢？但是川川卻為了強調內在的苦悶，以誇張的語言來強調缺乏被關愛的心情，甚是可愛，也讓我為她的描述能力感到讚嘆。

這就是求生存的本能。

我看見川川想要表達的核心是「我需要愛」。

我做了進一步的核對，我問：「媽媽做了什麼，讓妳覺得你不被愛呢？」

川川說：「每次我叫妳抱我，妳都說我長大了，抱不動了，但是上次姐姐氣喘睡不著，姐姐叫妳抱抱，妳就抱姐姐了，這不公平！」

核對，讓我更明瞭孩子的內在與困境。聽了川川的述說，我心疼孩子的處境了，川川是老二，自有其成長困境，而這部分是我所不容易覺察的。

父母肯定是愛孩子的，但過去的大人面對孩子控訴缺愛，向大人索求愛的時候，大人經常因為內在冰山無法穩定，急於「解釋」自己的愛，**然而大人愈辯解，孩子就愈痛苦，因為那表示父母並不願意承認孩子的感受是真的，甚至認為孩子說謊。**

一個穩定的大人，是可以坦然接受孩子的直言，並且傳遞「愛」給孩子。

我愛孩子，所以我只要向孩子表述愛，準確的讓川川感覺到自己是被愛，對話的目標也就在此。

我對川川說：「川川，媽媽之前也許做得不夠好，才讓妳感覺不到媽媽是愛妳的，媽媽很抱歉。但是，請妳相信，媽媽真的是非常非常的愛妳，我愛妳，川川。」

說完這些話，車內一片靜默，川川不再鬧跳針，不再以情緒向我勒索，因為她的情緒，被我的愛輕輕撫慰了，她卸下防備，沉浸在愛裡。

每個父母都是愛孩子的，然而如何澄澈自己的內在，在不被孩子情緒綁架的狀況下，還能平穩的把愛傳遞出去，又能準確的向孩子「說愛」，而不是「辯解愛」，這是大人可以思索的方向，也是薩提爾模式裡最困難的

「一致性表達」方式。

唯有學習「一致性」的表達，父母的愛才能準確的送進孩子心裡，孩子才能跨越「不公平」的課題，真正的活在父母的愛裡，慢慢滋養出自己的「生命韌性」。

—

一句教養

生活中，父母經常疲於奔命，面對各式各樣迎面而來的課題經常捉襟見肘，根本無暇好好回應孩子丟出來的難題，教養又經常需要花大把時間去陪伴孩子，父母哪來的那麼多美國時間？

其實，即便時間再少，父母仍然可以在點到點的接送過程，利用「行進間」的時間，給予孩子最重要的「一句教養」，連結孩子內心底層的渴望。

當孩子吵鬧，發出「父母不公平」、「父母都不愛我」這類的訊息，身為父母的我們，必需要理解孩子此刻正在「索求愛」，而面對孩子的索求，最好的回應方式，就是告訴孩子「我很愛你」，讓孩子透過我們穩定的語氣，真誠的姿態，真真切切感受到我們對他的愛，如果無法做出準確的表達，那麼至少對孩子說出最重要的「一句教養」，幫助孩子穩定內在。

薩提爾的一句教養

融冰親子關係，獻給感到心累、無助的你

「媽媽之前也許做得不夠好，媽媽很抱歉。但是，請你相信媽媽，媽媽真的非常的愛你。」

我其實很在乎你 ❤

你家裡也曾有過手足爭寵嗎？如果手足衝突發生在你的家庭裡，屬於你的「一句教養」會是什麼姿態與樣貌？你會用什麼方式來與孩子連結呢？

04

失敗與成功——一次從谷底到自信的畢業演說

核心渴望

過去的教育總是教我們要「努力」，彷彿唯有努力，才是邁向「成功」的唯一道路。長大的過程中，我們學會了「堅持」、「努力」、「剛強」，遇到挫折不輕易服輸，遇到困難不輕易放棄，遇到痛苦不輕易掉淚，我們慢慢成為一個用鋼鐵打造的鋼鐵人。

聽起來很酷，但生存在其中的我們，卻無比清楚這很辛苦，因為每每遇到挫敗，我們都感到痛苦萬分，世界彷佛要毀滅，內在有一股疲憊、無助的感受，無限蔓延。

會有這些感覺，是因為過去我們學會了「只許成功」的堅持，卻沒有學到「面對失敗」能力。

人的一輩子，成功的時候少，失敗的機會多。大多時候的成就，往往都是透過「失敗」來累積經驗，爾後才能創造出「成功」的機會，一如幼兒時期的孩子學走路，每一個人都是先品嘗了跌倒，才能修正「站」和「走」的方式。

父母如果能看見「失敗」帶來的資源，幫助孩子在失敗時學會「坦承」失敗，「接納」自己是可以失敗，「允許」自己可以好好大哭一場，看重自己生命韌性，最後才有機會讓失敗成為下一次「努力」的動力，那麼每一次失敗，都將成為孩子成長的養分。

重回火線的融冰示範

川川幼兒園大班畢業典禮之前，遭遇了人生第一次的重大挫敗。

為了迎接畢業的到來，幼兒園老師徵求四名畢業生自願上台代表畢業生致詞。

川川很想跟好朋友們一起上台，因此報名參加徵選，結果陰錯陽差，她的好朋友們以及全班同學一個都沒有報名，除了川川。

川川成為唯一的畢業生代表致詞者。

川川必須要代表所有畢業生，站上六百人的大禮堂，對所有的來賓，秀一場長達五分鐘的演說。

為了這場盛大的演說，每天放學時，川川和我會到河岸邊散步，一邊討論上台演說的內容，一邊雀躍的期待這一場演出。

然而孩子的持續力畢竟薄弱，新鮮期一過，川川進入背稿階段的壓力紛湧而至，背誦過程難免枯燥乏味，川川很快就出現散漫的行為，頻頻抱怨不想再背了，練習的過程，總是有一搭沒一搭的老是提不起勁。

川川的記憶不是頂尖，加上內心排斥練習，因此長達兩個月的練習，川川只記得三成。

川川不著急，我也就不急，因為我知道，川川還沒啟動她的想望。

孩子的學習，只要處於被動狀態，一切都是白搭。

偶爾我不小心提醒川川練習的口氣有些急躁，川川的情緒也隨之湧起。

川川吼叫：「我已經夠努力了，為什麼媽媽還要我一直練，很累耶！我背的已經很好了，我不想再練了啦。」

川川吼完之後，想練習的意願立刻降得更低了。

我明白這是教養的槓桿原理。在川川沒有主動學習的動力之前，一切只能默默等待，等待學習的契機到來。

畢業典禮前一週，幼兒園安排了畢業預演，川川自覺早已經將畢業致詞的台詞背得完美，所以她興高采烈去參加了。

於我而言，孩子願意上台，不管表現如何，都值得欽佩，即便上台出糗忘詞，這才是六歲孩子正常的表現，也未嘗不是未來難得的可愛回憶。

預演結束那天，我去接川川放學，川川一看到我，立刻跑到我跟前，將身子隱藏在我身後，我隱隱感覺發生了不好的事。

老師：「川川媽媽，我想跟您聊一聊。」

老師見到我，立刻將我叫住。

我：「好。」

老師臉色有些難看。

老師說：「今天我們畢業典禮預演，我得很痛心的說，川川的表現，真的非常差。」

我很訝異老師會這麼直白的表述。

我瞬間感覺自己內在的情緒緊繃焦慮，彷彿老師責罵的是我。

基於禮貌，我勉強的露出笑容，回問：「真的很差嗎？」

老師非常嚴肅的說：「對，真的很差，不只我覺得，而是所有老師和園長都這麼認為。」

老師愈說愈嚴重，我能感覺川川在我旁邊全身緊繃，她將頭埋在我身後，老師的話想必對她打擊很大。

我不禁困惑，六歲的孩子上台忘詞、斷斷續續，不是很正常嗎？

川川的表現應該和中班在校生致詞不會差太多吧？

我鼓起勇氣問老師：「川川表現得不理想，那中班代表在校生致詞的孩子呢？他們表現得好嗎？」

沒想到老師神色突然由陰轉晴，大讚：「說到這個，就不得不稱讚中班的孩子，真的很厲害，他們表現得超級好，園長都讚嘆，他們的口條能力，還有表演的方式，都非常生動活潑，讓每個老師都很驚艷，相較起來，川川真的落後一大截。差太大了，所以媽媽，我們要好好的幫川川練習了，也請媽媽要幫助川川，不然當天上場落差太大，太難看了，園長特別告誡我們要加強改進。」

我的耳朵嗚嗡，聲音斷斷續續，眼前一陣暈眩。

我不知道自己是怎麼走出幼兒園門口，我只知道當我聽見老師說這番話時，自己有多受傷，心裡有多難堪，我都如此了，更何況是川川！

川川緊緊牽著我的手，依偎在我身邊。

我和川川一起走出校門，才剛踏出校門口沒多久，川川就嚎啕大哭了。

我的心都糾在一起了。

我蹲下來，將川川抱在懷裡，讓川川在我的懷裡哭了好一會兒。

情緒是大火，火來了記得快跑！

我陪伴川川的同時，也在緩慢調節自己的呼吸，透過緩慢呼吸，希冀能穩定自己的內在，在感受沒有穩定之前，我選擇不開口介入問題。

好半晌，我感覺自己比較穩定了，才審視自己的「內在」，評估自己能否在此時此刻與川川對話，而「內線法」便是我評估的步驟。

內在：內在從緊繃慢慢趨於穩定，雖然一開始聽老師談話感覺受傷，但是整件事情老師可以有自己的看法，我也可以選擇自己的看法，不因老師的看法而動搖了自己與川川的自我價值。

界線：界線設立好，儘管老師希望我與川川要努力練習，但人非聖賢，不可能完美，我的陪伴是貼著川川的意願進行，一切以川川的意願為主，若川川不願意練習，我允許自己和川川都可以做不好。

方法：對話的方法，意即「聽核心」，先傾聽孩子的心情，讓孩子盡情訴說自己的難過與困境，先抒發情緒再處理事情。

幾個呼吸調息之後，我的內在平穩了。

我拍拍川川的肩膀，凝視她哭泣的臉。

我：「還好嗎？」

川川悲傷哭泣：「媽媽，中班在校生致詞講的比我好，我講的好爛，我是全世界最笨的人，我什麼都做不好。」

我安慰：「預演台上講得不好，真的會很傷心，妳難過是正常的，但是妳也不願意表現成這樣，對吧？」

川川擦著永遠也停不下來的眼淚，一邊說：「對，我以為我很厲害，覺得那些台詞我背得很好了，可是沒想到我好爛，他們四個中班的弟弟妹妹都講的比我好。」

川川說到傷心處，又悲傷的痛哭一會兒。我靜靜的陪著她走過情緒風暴，直到她的哭聲漸歇，我才又開口探索她的想法。

我問：「妳肯定很受傷！所以不只是老師，連妳自己也覺得中班講的比妳好嗎？」

川川點點頭，說：「舞台上面好高，我站上去覺得好可怕，然後我就忘了要講什麼了。中班的弟弟妹妹都比我勇敢，他們都不害怕。媽媽，我好爛，我真的很糟糕，對不對？」

川川又陷入指責自己不夠好的漩渦之中。

我摟著她，輕聲說：「也許我們確實講的不好，但是妳也有努力了，對吧？」

川川搖頭：「我覺得我不夠努力，媽媽我想要講得好，但是我真的做不到。」

我也搖頭，不同意川川的話：「不，我們當然可以，只是之前妳都覺得妳已經夠好了，不願意再努力，所以才會不熟練，我們只要多練習一點時間，肯定會表現得更好，但妳真的想要講的很好嗎？」

川川點頭：「當然想，媽媽妳幫我好嗎？」

川川在此開始有了想練習的意願，這是非常重要的「主動性」。

我說：「我當然願意幫妳，只是媽媽雖然可以讓妳變得很厲害，但是練習的過程需要妳付出很多努力，也會很辛苦，妳真的願意嗎？」

川川猛點頭：「媽媽，我願意，妳教我。」

我再次確認：「如果妳真的要我教你，那麼練習的時候，不能再按照妳的方式了，得照著我要求的方式練習，一天至少要練三遍，很困難哦，妳真的願意嗎？」

川川繼續點頭：「我願意。」

因為受挫過，川川更清楚明白自己要什麼，經過我再三的核對，認為川川真的已經將練習的意願打開了，這會讓她跨越過去的學習方式，晉升為「主動學習」的人。

有了這份主動學習的動力，要引導她，就更為容易了，因為我們有一致的「目標」，而且這個目標，是她自己想要的，沒有任何人逼迫。

這就是「挫敗」帶出「學習動力」的最好示範。

於是，川川擦乾眼淚，展開了一連串積極的學習之旅。

從那天起，川川每天主動背稿三遍，其中一遍還要背誦給全家人聽，藉此練出上台的膽量。老師在學校，偶爾會檢驗川川練習的進度，但每次放學，老師會提醒我川川的表現仍然欠佳，稿子沒有背熟，聲音仍然太小，語速太快，強力要求川川改進。

老師的每一次糾正，川川回家後的心情起伏甚是劇烈，總會不停的哭，哭完就焦慮自責，總覺得自己什麼都做不好。

川川：「媽媽，我還是講太快了，對不對？我講得好差，怎麼辦？其他分校的中班弟弟妹妹們是四個人上台，我只有一個人，他們台詞都沒我多，講得又很好，我講得都不好，媽，怎麼辦？」

我總是輕輕拍著川川，安撫她的內在焦慮，這些畢竟是練習的過程，父母只需聆聽與陪伴就行了。

即便焦慮，川川仍沒有放棄努力。畢業典禮前一天，甚至到畢業典禮當天，川川都仍在努力練習。

時間一天天靠近，川川的焦慮也一點一點增強。

川川：「媽，萬一我又說不好怎麼辦？」

我溫柔的問：「這一個多禮拜，妳覺得自己有認真練習嗎？」

川川點點頭：「我超認真的，我每天都練四遍以上，而且我很努力。」

我輕聲說：「對，我也覺得妳超認真，妳在我心裡是努力的天才。以前妳覺得自己都會了不必練習，可是現在呢？現在妳願意一直練習，即使練得很熟悉了，妳還是繼續練習，對我來說，妳已經超越了所有人，成為我心中最努力的演講者，所以即使上台不小心忘詞或說不好，都不能抹滅妳這一陣子的努力。」

川川笑著說：「媽媽，我這次有自信會說得很好，因為我練習了上百次，對不對？」

我點頭，微笑以對。

在畢業典禮當天，川川帶著自信與甜美的笑容，登上她人生中第一個艱難的舞台。

那是一場轟動全場的畢業致詞。小小年紀的川川，在舞台上展現了驚人的風範，致詞的內容生動，搭配穩健的台風，落落大方的姿態，讓所有家長與孩子都看見了她的魅力，發出驚訝與讚歎。

當所有人對川川的表現如此傑出而讚嘆，紛紛認為川川之所以能表現得這麼好，肯定是她天賦優異，不然就是父母血統傳承好，才能造就川川擁有如此的大將之風。

在台上風光的背後，只有我和川川知道，這一切看起來完美的演出，都歸功川川自己的努力，而我只是陪著她走一段成長的路。

一句教養

川川登台的表現亮眼且出色，但學習是漫長的旅程，因此過程遠比結果來得重要，當失敗來臨時，父母能否陪伴孩子面對挫敗，孩子能否從挫敗中學會「接納」，從接納中學會「面對」困境，最後重啟「主動學習」的意願，這是我最看重的部分。

當孩子遭遇挫敗，父母該如何帶領孩子面對「失敗」，陪伴孩子長出「生命韌性」是對話的目標，如果在對話過程中，無法順暢運轉「聽核心」，那麼只要將最重要的「一句教養」對孩子說出來，確保父母能連結孩子的內心，不讓孩子一個人孤單長大，就是最好的陪伴。

薩提爾的一句教養

融冰親子關係，獻給感到心累、無助的你

「你只是這一次表現不好，不代表你不努力，我相信只要我們多練習，肯定會表現得更好，如果這是你想要的話，我願意陪你。」

害怕也是努力的表現。

你的孩子，是否也曾遇過學習上的難關與挫折？碰到這情形，屬於你的「一句教養」會是什麼姿態與樣貌？未來碰到類似情況，你會希望用什麼不一樣的方式來跟孩子連結呢？

05

依附與放手——看牙醫途中的車內大暴衝

核心渴望

孩子在父母的悉心照料下漸漸長大，才能有機會從嬰兒時期百分之百的依附中，慢慢發展出自己的意識與主見，這些都是象徵獨立的特質。孩子會用各種方式展現自己的力量，藉由衝撞的力道，撞開父母的掌控，脫離父母的庇護，建造屬於自己的安全城堡；直到孩子最後仰賴自己的力量，從容的活在這個世界上，成為一個完整的大人，至此父母的責任也才能算完滿達成。

這是孩子長大的過程。

在這個過程中，父母該如何讓孩子感覺被愛，在愛中學習承擔責任？什麼時候該放手讓孩子做自己？

如何讓孩子從「完全依附」走向「獨立自主」，這是父母很重要的課題，而「放手」的歷程，不是放棄溝通，而是要展現出對孩子百分之百的「信任」，這是幫助孩子真正成為具有「生命韌性」大人的歷程中，最重要的養分。

重回火線的融冰示範

三三即將滿十二歲之前，我們家發生了一件劇烈的衝突大事。

三三的牙齒長年接受矯正，每個月都得定期回診，那天，我開車載著姐姐三三正準備去牙醫診所回診。

牙醫診所距離家裡頗遠，開車需要三十五分鐘以上的路程，坐捷運大概需要五十五分鐘的時間。

為了方便我從容的帶孩子回診，我會早早將繁忙的工作都排開，就為了讓那一天回診看牙能有充裕的時間。

那天，我照例把所有工作都排開，而一起陪同三三看診的，除了我還有先生和妹妹川川。

車子才剛剛離開家十分鐘的距離，坐在後座的兩姊妹就吵起來了。

三三：「妳弄到我了啦。」

川川尖叫：「妳幹嘛打我。」

兩姊妹為了小事發生爭執，最後演變為相互動手抓人。

先生看不下去了，大聲斥罵，只是他罵姐姐的力道，遠比罵妹妹的力道多很多。

先生罵道：「妳每次都欺負妹妹，每一次都為了小事動手，每一次動手都超大力，妳以為妳是誰？讓人看了就生氣。」

先生對姐姐懷有許多怒氣，除了是因為對「老大」懷有期待，再加上過去姊妹兩人相處累積下來的歷史記憶，讓先生心裡存有一個主觀意識，覺得「姐姐對妹妹永遠懷著惡意」、「姐姐出手永遠比妹妹狠」。

這些觀點，導致先生責罵姐姐的聲音非常的憤怒。也因為這個憤怒的責罵，大女兒三三內在湧起了非常爆炸性的情緒。

用情緒對抗情緒，將引來更大的災難。先生不察「情緒是大火」，導致車內所有人都陷入了情緒的熊熊火海之中。

三三大聲咆哮：「每一次我跟妹妹吵架，你永遠都只會罵我，你從來不看妹妹是怎麼弄我的！」

先生怒氣未消：「我不用看就知道是妳的問題，開車帶妳去看牙，不知珍惜，以後看誰想陪妳去。」

三三也回以情緒：「你以為我很想去看牙嗎？妹妹又沒有要看牙，幹嘛跟來？以前都是媽媽自己帶我去看牙，都是你們叫妹妹跟來，才害我們吵架，誰希罕你們陪，我不看牙了，我要回家。」

最後，三三趁著我將車停在路邊的空檔，憤怒的下車，「砰」的甩上車門後，就往回家的方向離開。

我和先生、川川三個人面對這突如其來的乍變，各個臉色僵硬難看，一時之間竟不知該做何反應。這是繼半年前三三和先生第一次在馬路上發生爭執後，再一次以我們從未見識過的爆炸性方式與先生發生衝突。

三三甩車門離去，我能感覺到三三又長大了不少，這大概就是青春期的威力。

在那一刻，家庭成員的冰山，撞成一團。

先生看著我，問我：「現在怎麼辦？」

我老實告訴他：「我只有今天能帶三三去看牙耶，看你是要去帶三三回車上，讓我帶她去看牙，還是你明天要額外安排時間帶她去看牙？」

先生瞪大眼睛看著我，似乎對我說的話，一時之間不知該如何回應。

其實我不只是要「孩子學會負責」，我也希望適時的讓先生學會「負責」。因為是他「選擇」用責罵的方式，激化了三三的情緒，最後才演變為如今的結果，那麼先生就必須承擔起這個「後果」，尤其家中的大孩子已經進入青春期，如果爸爸再不修正自己慣性的責罵，那麼三三甩車門走人的情況，往後可能會一直出現，而且衝突會愈來愈劇烈，先生必須及早意識到這個問題，提早做準備，這是我想帶給先生的課題。

我聳肩：「三三愈長愈大了，你得改變你跟她溝通的方式了，不然像今天這樣的情況，未來肯定會經常發生，而且會愈來愈激烈，我沒辦法時時刻刻承擔你們爭執之後該承擔的事物，我的時間都安排好工作了，如果今天沒去看牙，你就得自己陪她去了，畢竟這事因為你而起。不過，你如果現在去追三三回來，我還能帶她去看牙的。」

先生一聽，馬上判斷自己無法承擔後果，立刻下車去追三三。

我的先生工作也非常繁忙，一聽到隔天要自己帶孩子去看牙，他就明白這個後果他無力處理，所以下車去追孩子回來反而是比較容易的事。

只不過先生怎麼找都找不到孩子。

三三不見了！

為了尋找三三，我也開著車，一路往回家的方向找尋三三的身影。

終於，在離家還有一半距離的地方，找到三三了。

我將車子駛近三三，搖下車窗，出聲叫喚三三。

我：「三三，上車吧，我載妳回家。」

三三對我搖搖頭。

我：「我剛好要帶妹妹回家，順路，妳不一起嗎？」

三三再度搖頭表達自己的想法。

沒等我再次開口，三三轉身往更小的巷子裡鑽進去，消失了身影。

我知道孩子執意如此，也不再勉強，催動油門，車子筆直的離開了。我決定先載妹妹返家。

安頓好妹妹之後，我回到工作崗位，繼續我手上未完的工作。

一個小時後，我接到三三的來電。

三三簡短的告訴我：「媽，我到家了。」

說完這句話，三三和我就各自掛上電話，她忙碌著她的日子，而我也繼續忙碌我的工作，一切都看似平靜，但只有我們自己知道，在平靜的表面下，其實蘊藏著愛與連結的情感。

我很感動三三回家後願意打電話向我報平安，這個舉動看似輕巧，但對於剛剛歷經爭執的三三而言，一面要安頓自己內在的情緒，一面又要對我做出連結，這是非常不容易的事，而這一切多虧過去她從我這裡所得到足夠的愛，才能夠讓她在負氣離開的這段時間裡，沒有放棄自己。

而她向我報平安的底層含意，除了撫平我的擔憂之外，另一層訊息也在告訴我，她渴望得到我的關愛。

回家之後，我立刻將我的欣賞與感謝，化為言語，傳遞給她。

在開啟對話之前，我審視自己的「內線法」是否都已經準備好了呢？

內在：我對於孩子負氣離開，並沒有太多的情緒，也並不覺得自己不被尊重，這個事件只是偶

發，是屬於三三和先生之間的課題，我在乎的是三三能不能在負氣離開的過程保護好自己的安危，而這點三三做得很好，因此我的內在沒有受到波瀾，是穩定的。

界線：孩子可以擁有自己的想法嗎？孩子可以在情緒來臨時，選擇先穩定自己內在嗎？答案是肯定的，但如果因此跨越了界線影響了父母的規劃，孩子也應該學著將責任擔起；而父母也可以適時的放手，讓孩子以自己的方式長成自己想要的樣貌。

方法：對話的方法源於「聽核心」，以不解決問題是依歸，轉而用真誠聆聽的方式貼近孩子，以欣賞的語言讓孩子感覺到被愛與支持。

當「內線法」皆已具備，我和三三的對話也因此展開。

我告訴三三：「三三，我知道妳被爸爸責罵有很多委屈（靠近三三的感受），我也知道妳和妹妹爭執不是妳願意的（理解行為），妳今天負氣下車離開，雖然讓媽媽感到震驚，但媽媽也能感覺到妳真的長大了，謝謝妳下車之後，把自己保護好，帶自己安全的回家。回家之後，還不忘打電話給我報平安，這對媽媽來說非常重要，媽媽要謝謝妳。」

三三臉色柔和：「這沒什麼，我打給妳之前也猶豫了一下，但我怕妳會擔心，所以還是打給妳了。」

我：「妳這麼做很好，我很需要妳打電話給我，這樣我就不會一直擔心著妳。」

連結過後，我也會讓三三在愛的語言中，學會負擔起今天行為之後該負擔的責任，畢竟她做出「負氣離去」是她的選擇，那麼學會「承擔」就是我想教會三三最重要的功課了。

我告訴三三：「不過三三，妳知道當妳負氣甩門下車的那一刻起，妳用情緒來處理和爸爸的爭執，那麼有些事妳就得負擔起這麼做的後果哦。」

三三說：「是什麼？」

我說：「明天妳得自己搭捷運去看牙醫。」

三三哀嚎：「為什麼？為什麼妳不能帶我去？」

我回答：「我把今天的工作特地排開，我只有今天有空帶妳去，但妳最後沒去成，明天我的時間都被工作排滿了，沒辦法再帶妳去了，所以這一趟回診，妳得試著自己走一趟了。」

三三抱怨：「都是妹妹害的，要是她今天沒有一起坐車就好了。」

我說：「這是吵架時妳的選擇，跟妹妹無關，她又沒叫妳跟她吵架，她也不知道妳會跟她鬧翻，這一切都是我們選擇而來的，不能怪任何人。雖然妳從來沒有自己一個人去看牙，但是妳長大了，我相信妳是有能力的。明天我會畫一張詳細的地圖，也會給妳帶上足夠的車錢，讓妳萬一找不到路時可以直接叫車回家。」

三三冷靜下來，嘆口氣說：「哦，好啦，自己去就自己去，妳畫的圖要仔細一點哦，不然我會找不到。」

我說：「當然，沒問題，我會畫得很仔細。三三，今天妳和爸爸這樣吵架，對妳而言有什麼感想嗎？」

三三說：「有啊，不要亂吵架，不然就得自己去看牙，太麻煩了。」

我笑著說：「妳的反應真的嚇我一大跳，但我也體會到妳真的長大了。雖然我被妳的舉動嚇到，但是妳到家後還記得打電話給我報平安，我真的很感動，謝謝妳。」

三三臉色柔和的說：「其實我本來可以更快到家，但妳知道為什麼後來我走了一小時嗎？」

我搖頭：「不知道，為什麼？」

三三笑著說：「因為妳來找我之後我就跑去躲起來了，我躲了三十分鐘，我不想搭妳的車回來，又怕妳會一直叫我上車，所以我去躲起來。」

我很訝異三三的內在，竟是那樣多的轉折與心思。

我對待三三如對待一個成熟大人，所以三三無須如此小心，一直以來我都非常尊重她的意志，畢竟未來她得負擔起生命全部的重量，所以放手讓她選擇自己想要的生存模式，始終是我陪伴孩子的方向。

為了讓三三明白我愛她的方式，我緩緩開口。

我說：「三三，我很愛妳，當妳選擇憤怒離去之後，我肯定會去找妳，但我同時也很尊重妳，所以我希望妳記得，我雖然愛妳，但不會糾纏妳，所以當我問妳『要不要上車』，一旦妳說不要，我會尊重妳的選擇，不會強迫妳上車，這是我愛妳的方式。所以下一次妳不需要去躲起來，妳只要確保自己的安全，對我來說才是最重要的事，知道嗎？」

三三輕輕的點著頭，小聲的說：「我知道了。」

隔天，三三按照我給予的地圖指示，獨自出發去看牙，我們沒有爭吵，沒有不安，有的是溫暖的向彼此道別。

這一趟路，是三三為自己的情緒負起責任而出發，而三三也成功負擔起責任，安全抵達牙醫診所，完成看牙任務之後，又自己搭車回家。

負責，是為了讓孩子成為「生命韌性的主人」重要的關鍵，父母該如何陪伴孩子擁有這項能力，取決於父母能否在孩子長大的過程逐步放權，讓孩子朝「負責」的方向邁進。

一句教養

在孩子成長的過程中，如何讓孩子感覺到「被愛」，同時又能讓孩子承擔起「責任」，是父母需要關注的主軸。

在爭執時，情緒是大火，一旦情緒升高，父母就需要停下來，避免自己在情緒中說出傷害孩子的話，更避免做出傷害他人的行為，靜待情緒暴風過去，如此一來就能開啟「行進間」教養孩子的對話。

「一句教養」能讓孩子感覺深深被父母所愛，不因為長大承擔責任，而感覺被拋棄，可以幫助父母準確的給予孩子愛，教養的過程，如果無法透過「聽核心」完成對話，那麼至少要將最重要的「一句教養」對孩子說出口。

薩提爾的一句教養

融冰親子關係，獻給感到心累、無助的你

「孩子，當你選擇憤怒離去時，我肯定會去找你，這是因為我愛你，但我不會糾纏你，因為我也很尊重你的決定，這是我愛你的方式。」

生氣也是一種表達。

當孩子因為自身疏失必須站出來善後，你可以放手讓他自己承擔嗎？碰到這情形，屬於你的「一句教養」會是什麼姿態與樣貌？你會如何啟動對話，讓孩子了解爸媽放手的背後，依然蘊藏著滿滿的愛呢？

06

個人與群體——好朋友轉身，成為孤立自己的人

核心渴望

人類，屬於群居動物，從出生到死亡，都仰仗群體的協助與相互的配合，才能完成人生各個階段的挑戰，而人類也將透過群體的力量，達到一個人不可能達成的成就，一如四大古文明的誕生。

群居的動物不只存在於人類，其他如大象、獅群、蜜蜂、螞蟻等，也都屬於群居的社會性動物。

所有群居動物都採取適者生存、不適者淘汰的生存法則，老弱婦孺無法貢獻團體利益者，皆會被群體放棄，自生自滅——但人類除外。

人類不僅會濟弱扶貧，還會保護弱小，從孩子年幼一路呵護至孩子長大成人，歷經十幾二十年的陪伴與教育，非得確定孩子擁有集體生活的能力，身為父母的我們，才會小心翼翼鬆開保護的手，讓孩子獨自行走。

每個孩子都是父母掌心上的明珠，然而不管父母如何呵護，孩子終有一天得離開父母，投入群體生活的熔爐之中，歷經各種關係的滋味。

從出生到終老，一個人會擁有許多關係，如：親子關係、同儕關係、師生關係等等，而同儕關係是孩子首要的考驗。

現代孩子生得少，玩伴也不如過去豐沛，同儕相處經驗較少，紛爭自然就多，因此同儕課題成了孩子最嚴峻的考驗。

遭到同儕排擠的孩子，很可能因為人際關係受挫而出現不適應，為往後的身心靈發展種下陰影。父母該如何陪伴孩子一起面對「群體考驗」的人際課題呢？只要記住真正的陪伴，始於「傾聽」，孩子終將因為父母的陪伴闖過難關，建立自己的應對之道。

——

重回火線的融冰示範

三三在就讀小學三年級時，有一個很要好的同學，名叫小U。

小U是個人緣非常好的女孩，身邊總是圍繞著一群同學，三三是其中一個。

小U家庭富裕，用的筆、橡皮擦、吊飾，總是吸引同學的目光，每個同學都希望小U能選擇自己成為她最好的好朋友。

剛開學的時候，小U和三三走得很近，小U告訴三三，三三是她最要好的同學，這句話讓三三開心好久。

從那之後，三三放學回來，總會告訴我她和小U在學校做了哪些有趣的事。

看著三三結交到好朋友，我為三三高興。

兩個孩子也像其他小女生一樣，偶爾會交換小物品。小U看上三三鉛筆盒裡面的筆，小U就會拿自己鉛筆盒裡面的筆和三三交換，三三若喜歡上小U書包上的娃娃，也會拿自己最好的物品跟小U交換。

慢慢的，兩個小女孩交換的東西愈來愈多，物品的價值也愈來愈高昂，甚至交換起未來的物品。

小U會跟三三說，她家裡有更好的東西要跟三三交換，要三三先把小U想要的東西給她。

小U會跟三三說，下個禮拜媽媽會買很棒的文具給她，到時候就可以帶來跟三三交換三三最寶貴的手工飾品。

因為是好朋友，三三很信賴小U，所以總是爽快的和小U交換不曾出現在眼前的夢幻逸品。

但是那些說好的未來物品，從不按時出現。慢慢的三三發現，小U總是一拖再拖，不是推拖物品被媽媽沒收，就是媽媽不准她帶來，三三開始懷疑起小U的說詞，漸漸拒絕和小U交換物品。

這樣的舉動引發小U的情緒，小U覺得三三瞧不起她，於是開始拉攏其他同學一起排擠三三，故意在三三面前講悄悄話，不讓她聽見。

敏感的三三很快感覺到不對勁，她不想被孤立，開始努力的去討好小U，但是小U總是假裝無視三三，兩個人就像從來不認識的陌生人一樣。

從那時起，每天放學回來，三三開始抱怨小U今天在學校裡的所作所為，讓她感到非常痛苦。

有的時候，小U會故意搶走三三心愛的東西不還給三三，等到三三氣得要去向老師告狀時，小U才會把東西扔回給三三，還譏諷的說：「幹嘛這麼激動，我只是開玩笑，妳很不能開玩笑耶，真是的，這麼愛計較。」

小U的行徑讓三三無法理解。為什麼小U會變成這樣？為什麼小U要這樣對她？

小U用好人緣拉攏所有同學，三三在學校裡就愈來愈被孤立。回到家的三三，只能不停的向我哭訴，我知道三三每天都活在痛苦裡。

三三和小U之間的戰爭，延續了很長一段時間。

那段時間，我總是盡力傾聽，費心觀察三三的情緒變化是否有陷落的危機。當三三為了小U的事情感到痛苦時，我能感覺她快要陷入憂鬱的漩渦裡。

先生聽聞三三訴說小U的惡劣行徑，總會安撫三三：「不用理那種人啦，把妳該讀的書和該做的工作做好就好，那些無聊的交友遊戲，妳根本不必在意。」

然而這樣的話，卻讓三三愈聽愈痛苦，眼淚愈流愈多，情緒愈來愈壓抑。

我想起以前，如果我對父親訴苦，父親也總以這樣的語言回我，但每每聽完，我總是感覺特別孤單，因為根本沒有人能理解我。

所以面對三三的痛苦，我聽得多，說得少，盡量以陪伴代替建議，恪守「不給意見，不幫忙想辦法」的教養原則，因為這些都是成長的歷練，她得靠自己生出力量來對抗群體的排擠。

因此我給出最多的語言是：「三三，妳這麼痛苦，媽媽看了很心疼，但也為妳感覺驕傲，因為妳一直都這麼努力想改善妳和小U的關係，不管發生什麼事，媽媽會陪著妳。」

幾天之後，三三放學回家難得展開笑顏，我很好奇發生什麼事。

與三三開對話前，我慣性詢問自己「內線法」是否已經做好準備？

內在：內在穩定，不因為孩子的情緒起伏，讓自己的心情連帶受到影響。

界線：界線拿捏清楚，理解這是孩子成長的學習課題，不是自己的困境，期許自己只要陪伴孩子，而不陷入給方法的窘境裡。

方法：溝通時謹守「聽核心」的原則，以貼近孩子內在為目標，讓孩子不至於太過孤單。

確認自己的「內線法」依序確立完成，我才開啟了對話。

我問：「今天跟小U和好了？」

三三：「沒有阿。」

我：「那今天怎麼心情這麼好的感覺？」

三三開心的說：「對，我今天心情超好，因為我終於對小U報仇了。」

我驚訝：「報仇？」

一般父母聽見「報仇」兩字，會在道德上有微詞，深怕孩子做出違反校規或傷天害理的事情，然而太快下判斷，不僅無法聽取故事的全貌，更有違「聽核心」的精神，因此安靜聆聽孩子描述的故事，是對話最重要的動作。

畢竟所有故事都已經發生了，不會因為我們此刻的反應而有所更動，所以我繼續耐心的聆聽三三述說。

三三：「今天中午，換我幫同學打菜，菜裡有一道青椒炒肉絲，我看到小U來的時候，我特別挖了一大杓青椒給她。」

我不解：「為什麼？她愛吃青椒？」

三三大笑：「當然不愛，她最痛恨的就是青椒。就是因為她不愛，我才特別挖給她阿。」

我張大眼睛：「哇！那她肯定要生氣了？」

三三：「對啊，她看到就立刻說，我討厭吃青椒，不要給我。」

我好奇：「那妳怎麼處理？」

三三：「我跟她說『不行，老師說不能挑食，什麼都要吃一點』，然後硬是塞給她。媽媽，這就是我的報仇，我太開心了。」

看著終日為友情所苦的三三，因為青椒而展露一些開心，我也笑了。

我沒有對三三說：「怎麼可以這樣對同學，她對你不好妳要對她更好才對」，也沒有對三三訓斥：「怎麼可以報仇，我們要寬宏大度，對人要和善」。我看到的是三三靠著自己的力量站起來，並且努力的用自己的方式反擊，這是她面對同學排擠的方法。

「報仇」兩字看起來很嚴重，但「青椒」本身並沒有害人的目的，因此我是喜悅多於擔憂。

孩子在友情裡受苦，她為自己戰鬥，父母無法為其戰鬥，僅能陪著一起度過難關，三三願意將自己的不堪坦露在我面前，願意將小小的喜悅與我分享，雖然不見得光彩，但是對於一個在人際關係裡受困的孩子而言，她得鼓起多麼大的勇氣不言而喻。這個行為背後，代表她信任我。

父母無法取代同學與朋友的意義，但父母仍有無可取代的價值，父母的陪伴有著支持的力量，是誰也取代不了的。我很高興三三在整個過程中如此信賴我，並且從中長出自己的力量。

我：「這陣子辛苦妳了，被同學排擠，被曾經是最要好的朋友討厭，真的會很痛苦。但是妳能從中找到自己生存的方法，儘管妳稱這個方法叫『報仇』，但是媽媽覺得用青椒報仇既健康又無傷大雅，很可愛的方式。只是當妳這麼做了以後，妳也要知道下一次小U有可能會學妳，在打菜的時候故意報復妳，妳要有心理準備。」

三三笑著說：「我已經想好對策了，媽媽不用擔心。」

果然在兩天後，小U的回擊來了。

那天輪到小U和另一個男同學打菜，小U指揮男同學挖一大杓高麗菜給三三，導致三三整個便當盒都是滿滿的高麗菜，多到滿出來。

我：「哇！那妳怎麼辦？」

三三雲淡風輕的說：「我就跟他說太多啦！」

我：「然後同學有幫妳減少嗎？」

三三笑了：「當然沒有阿，他們可開心了，還學我說『老師說什麼菜都要吃一點唷』，然後一直得意的對我笑。」

我：「唉呀，他們把妳說過的話，原原本本的奉還給妳耶。」

我與三三的對話，一來一往核對的過程，其實也是一種探索，我能清楚孩子的耐挫力正在急遽壯大，心理韌性的強度也不斷增強，三三已經展現出保護自己的能量，做足心理準備來面對人際關係的難題。

三三聳肩：「對阿，讓他們學，沒關係。」

我：「後來妳就真的整盤拿回座位吃了？」

三三又笑了：「怎麼可能啦，我是直接跟老師抗議。」

我：「妳怎麼說的？」

三三：「我跟老師說，小U叫男同學挖了一大杓高麗菜給我，我很喜歡吃高麗菜，但是這也太多了，其他同學的高麗菜都很正常，只有我的最多。」

我：「哇，妳會拿其他同學來做比對，真是太厲害了，後來呢？」

三三挑眉：「後來老師就走過來檢查，發現我的高麗菜真的超級多，所以就撥了一半高麗菜給那個男同學，男同學便當裡本來就裝有高麗菜，我的高麗菜加上去，就更多高麗菜，男同學就一直哀嚎，不斷罵小U『都是妳啦，叫我給許三三多一點高麗菜要幹嘛！』。」

我：「你們這些同學之間的復仇，真是太可愛，也太好笑了。」

三三的臉展露得意之色：「反正呢，我不怕他們報仇了，我會有辦法對付。」

陪伴三三面對人際困擾長達兩三個月，直至聽見三三說出具有生命力的語言，我清楚知道三三已經從痛苦的同儕關係裡，找到自己生存的方法，走出自己的人生道路，一切都仰賴陪伴與傾聽。

一句教養

在孩子遇到困境時，父母肯定很想陪伴孩子一起面對困境，但是表現出來的行為卻是「教訓」或「說道理」居多，其實孩子要的只是一個傾訴的對象。

如果在孩子遇到困難時，父母可以穩定自己的內在，把握「只陪伴不介入解決」的原則，慢慢走，總會找到方向。

陪伴孩子長出生命韌性的過程中，如果能不斷餵養最重要的「一句教養」給孩子，就有機會陪孩子走過低谷，讓孩子在父母的愛裡長出生命的曙光。

薩提爾的一句教養

融冰親子關係，獻給感到心累、無助的你

「孩子，看你這麼痛苦媽媽很心疼，但也為你感到驕傲，因為你一直很努力想改善同學的關係，不管發生任何事媽媽都會陪著你。」

做自己最好的朋友。

你的孩子可曾有人際上的困擾？碰到這情形，屬於你的「一句教養」會是如何展現？未來碰到類似情況，你會用哪些不一樣的方式，不僅聆聽事情也聆聽孩子的心情，嘗試跟孩子有深度的連結呢？

07

自由與自律——姐妹倆的深夜三C派對

核心渴望

從出生到生命終點，所有的事物都有必須遵守的界線和規範，不管是否獨活於天下蒼茫之中，一旦誕生，就會進入生命運行的生存脈絡之中，進而不知不覺融入群體，既成為群體前進的養分，也將群體養分化為創造獨特自我的基礎，彼此相輔相成，相生相剋。

這是大道運行的必然之徑，也是為了眾生生存的利益。

一如地球，一方面公轉，一方面也自轉，公轉象徵著合眾之力的大道，而自轉則象徵著獨特生命的自我，兩者不相違背，卻又相互影響著彼此。

懂得生命需要公轉與自轉的道理，就能理解嬰兒誕生於家庭，既受到家庭的保護，也受到家庭規範的限制，兩者是必然的相關。

因此當我們要探討孩子使用三C產品的使用權時，「自律」這個相關的議題就必須一起討論，因為唯有孩子有自律，不濫用自由的權利，懂得自轉之後，才能躋身進入公轉的「自由」世界，而這也是父母引導孩子使用三

C產品時，最重要的目標。

重回火線的融冰示範

現代父母在教養的道路上，三C產品幾乎已經成為居於首位的最大困境。

人類發明三C，是為了幫助人們在生活上能得到充分的便利，就像發明汽車，讓人類移動的距離，瞬間能增長到上萬公里，幫助城鄉之間的流通與活絡。

汽車是交通工具，有人將它視為代步或運輸工具，有人卻拿它做另類發展，比如賽車。競賽功能，肯定不是最早發明汽車的意圖，但兩地之間的交通時間縮短後，人類的時間變多了，競賽也慢慢發展起來，一如三C產品的各種遊戲闖關功能。

我的兩個女兒，三三川川擁有自己的房間那年，三三小四，川川小二。

原本一天到晚爭執吵架的女兒們，有了房間之後，兩個人突然變成合作無間的隊友，一起做作業，一起聊天。

姊妹倆一個怕黑，一個膽大，一同相互扶持，彼此為對方加油打氣、壯膽，看上去儼然是感情濃郁的好閨蜜。

對於兩姊妹的房間，我非常尊重她們的地盤性，因為每個人都渴望一個安全的私密空間，一個充分感覺到自由的地域，所以我允許孩子們可以鎖門、可以躲在房間裡，我不會刻意闖進去查房，也不會擅自開門走進去。

孩子漸漸長大，是時候該放手讓孩子擁有自己的獨立空間，這是為培養孩子成為獨立的大人所做的準備。

某日，兩個姊妹異常的和樂融融，我問她們什麼事情這麼開心？

孩子說：「我們要在房間開 party。」

那一天，我看到姊妹倆無比的和諧與美好，至於要在房間開什麼派對，我採取全然的信任，沒有去過問。

這件事過了幾天之後，兩姊妹為了小事吵架了。

妹妹川川吵架輸了，很不甘心，於是當著姐姐的面跟我告狀。

川川激動的說：「媽媽，我要告訴妳一個秘密，上次姐姐她在房間裡……」

三三聽到心裡一急，也搶忙著說：「要說大家來說，媽，川川上次在房間……」

最後兩姊妹異口同聲告狀：「她在房間偷看平板，而且看到凌晨兩點！」

我這才恍然明白，她們說要開 party，原來是要在房間開三 C 產品的 party，偷用平板上網看抖音！

在我們家，三個孩子各個都有自己的平板，網路時間是採取完全信任方式，二十四小時開通的，因此家中的孩子若用於學習，想使用三C產品上網查資料，可以在不告知我的情況下，直接使用平板。然而如果孩子想要用平板上網看影片，用在娛樂用途上，必須在完成份內工作之後，經過我或先生的同意才能使用。

面對孩子越矩的行為，半夜三更在房間裡用平板開party，對我而言已經嚴重的違反家庭規範，尤其三三眼睛視力已經惡化到僅剩零點四，遭到醫師勸誡與關注，母女倆才討論出要少用平板來保護眼睛視力，沒想到「少用平板」的約定竟然就這樣被三三無視，而且還在該睡覺的時間裡，徹夜不眠躲在房間裡濫用網路，這個舉動勾連出我許多情緒。

我的內在瞬間湧起許多憤怒的情緒，感覺自己身為母親居然不被尊重，想到自己為了孩子視力保健做了許多的努力卻被藐視，想到自己如此信任孩子而孩子回報給我的卻是濫用我的信任做出矇騙我的舉動。

我深深感覺到受傷了！

我知道，我只要一開口，就會無法克制自己滿腔的怒火，衝出來的語言，肯定是傷害孩子的話，如果我真的毫無顧忌的發洩出來，到那時候就會是玉石俱焚的慘烈戰況了。

當下，我謹記「**情緒是大火，火來了記得快跑！**」

開口，肯定是情緒語言，到時母女倆就會兩敗俱傷，我必須要放下眼前的問題，試著暫時讓問題跑一會兒，讓波濤洶湧的情緒得到喘息，讓內在有機會趨於穩定。

我告訴兩個姊妹：「妳們說的我都聽到了，我先把水槽的碗洗完，我們再來聊一聊要怎麼處理吧。」

我很快的把問題放下，藉由家事的忙碌，幫助自己穩定內在。

當我開啟對話時，已經是半個小時之後的事了。對話之前，我使用「內線法」檢視自己是否已經準備好可以對話了。

內在：經過家事的沉澱後，內在相對穩定了，目光也變得豐富，看待孩子面對死板板的家庭規範，能勇於嘗試與冒險，雖然違反了家庭規範，但不可諱言的，這是孩子天生求生存的本能值得父母讚賞，只是孩子使用平板的時間與方式需要父母引導。

界線：父母需要清楚分辨界線，釐清孩子犯錯需要導正的是行為和觀點，與孩子尊不尊重父母、或是否惡意輕蔑父母是兩件事，不能混為一談。因此在對話時我只需要讓三三理解，「自由」是需要透過「自律」才能得到的權利，引導三三走上家庭規範即可。

方法：對話的方法採取的是「聽核心」，先「聽」孩子行為背後的緣由，再核對未來她會如何保護自己的視力，先不提供我的解決方法，讓三三自己提出解決方法為前提，最後欣賞三三的努力。

確認「內線法」準備好之後，我和三三展開了「偷看平板」的親子對話。

我帶著三三到房間裡專注的對話。

我問：「可以告訴我，為什麼會發生這種事呢？」

三三聳肩：「不知道，不知不覺就這樣了，可能跟妹妹換房間，太興奮了，感覺總得做些什麼才甘心，大概是這樣的心情吧。」

我點點頭：「原來是這樣呀！我還以為妳故意藐視我訂

定的家庭規範哩，原來不是呀。」

三三大聲說：「當然不是，我們本來說好只要看一下下，但是我們愈看愈入迷，不知不覺就一直看到凌晨兩點，我們本來沒有想看這麼久，只是停不下來。」

我點著頭：「我能理解這種感覺，因為網路的影片、小說或電動，都有讓人一看就停不下來的癮頭，這是他們厲害的地方，所以才有這麼多人網路成癮。」

三三：「對呀、對呀，真的不是我們的問題。」

我笑了：「雖然不是妳們的問題，但我一直很信賴妳們使用三C產品的能力，所以家裡網路都是二十四小時開放，現在妳們偷看網路被我知道了，我不知道妳們還有能力能控管三C嗎？還是需要我介入幫助妳們管理？」

三三陷入沉默。

我說：「我知道要控制自己不上網，真的需要很大的忍耐力，所以我才更需要妳們學習自律，而妳們在我這麼信任的情況下，自己看網路到凌晨兩點，老實說我是很震驚的，也很難過。」

三三緊張的說：「媽，拜託妳再相信我們一次，這一次我們會做得很好，不會再讓妳失忘了。」

我：「三三，我永遠對妳懷抱希望，我會鼓起勇氣相信妳說的承諾。只是，我很擔心妳的眼睛，妳能不能告訴我，未來妳會用什麼方法來保護自己的眼睛呢？」

視力保健，是我此番對話最重視的目標，其餘的行為問題，因為沒有涉及生命危險，對我來說都是小事，而視力保健與眼睛健康息息相關，所以我格外重視。

三三低頭沉思了許久。

最後，三三終於抬頭，認真的看著我。

三三：「媽媽，我知道我該怎麼做了！妳把我所有三C產品統統收走吧。」

我瞪大眼睛看著三三，感到不可思議。

我：「妳認真的？」

三三點頭：「對！平板手機放在我這裡的話，不管我怎麼克制，我都會忍不住去開它。與其這樣，不如妳幫我保管我的三C，平日我不看平板，除非我功課需要，我再來跟妳拿，假日如果我寫完功課，我會希望看一下影片，輕鬆一下，媽媽妳覺得我這樣安排可以嗎？」

我點頭讚賞：「妳安排的很好，能明白自己的脾性，斷然的把自己控制不了的三C交出來讓我保管，很了不起的決斷。當妳學會控制自己欲望的同時，也會得到更大的自由。妳長大了，三三，謝謝妳的努力，這對我非常重要，我不希望妳的眼睛在漫不經心的情況底下惡化了，我其實很想幫妳一起保護視力，但我畢竟不是妳，在很多地方我都監督不到妳，即便我善意提醒，妳可能都會感覺不耐煩，所以真正能保護妳自己眼睛的，只有妳自己。」

三三點頭：「我知道，所以我願意把三C交出去給妳，這也是為了證明我保護視力的決心。媽媽，如果妳還不放心，也可以把網路切斷，我都可以接受哦。」

我聽著三三毅然決然的決定，內心很是觸動。

與青春期孩子對話，更需要透過「聽核心」的對話方式，以傾聽代替說教，以核對代替想辦法。

孩子長大了，他們有著父母想像不到的決斷力來控制自己管理好三C產品，只要給予信任，以及貼近他們內在的對話即可達到。

一句教養

孩子在成長過程，難免行為脫軌，只要導正即可。

在大環境充斥著各式三C產品的生活，要孩子全部戒斷三C產品其實不太符合人性，更不符合大環境的變化。

面對三C產品最好的方法，就是讓孩子自己想出可以執行的方法，慢慢培養自律的慣性，未來父母才能放心讓孩子單飛。

在三C的課題中，父母要注意的是自己「情緒」變化，若有情緒起伏的風吹草動，記得「情緒是大火，火來了記得快跑」，暫時別處理問題。

等待情緒鋒頭過去之後，再來回應孩子該如何學習自律的課題。

而在這個議題的對話過程中，如果你的情緒時時刻刻一直在高點，別忘了透過最重要的「一句教養」先幫你把愛傳遞給孩子，讓孩子知道自己需要修正的是行為，而不是被父母放棄。

薩提爾的一句教養

融冰親子關係，獻給感到心累、無助的你

「孩子，我永遠對你懷抱希望，我會相信你說的承諾。只是，我擔心你的眼睛，能不能告訴我未來你會用什麼方法保護眼睛呢？」

人生難道要跟 3C 一起過了？

你與孩子，是否也曾發生過三C使用的爭執呢？回想一下，當時你的處理方式是怎樣的情形？如果今天事情重演，你是否願意多想一層：除了三C使用時間的討論外，你其實更在意的目標是什麼？基於這個目標，屬於你的「一句教養」有機會用不同的模式開展嗎？

後記

一份送給孩子最好的生命禮物

「一句教養」是本著信任的基礎，能讓對方感覺充滿自信、有價值的對話。

這樣的對話方式，可以適用於父母對孩子的連結，也可以適用於學校老師對學生的連結，更可以發展為人與人之間關係的連結。

一日，先生回家和我說了一個簡短，卻是非常有力量的故事。

那日，先生去一所學校演講。

那所學校的校長非常熱情，演講結束後還招待先生到校長室喝茶聊天吃茶點。

先生一邊吃著由校長所招待的茶點麻薯，一邊端詳麻薯的形狀。

先生告訴我：「那真是我看過形狀最扭曲的麻薯，體積有大有小，完全不一致。」

先生邊吃，邊對這些奇形怪狀的麻薯感到困惑。

可能察覺到先生臉色有異，校長趕緊解釋。

校長說：「這是我們學校一個孩子自己製作的麻薯。」

校長頓了頓，又說：「這個孩子比較特別，學校的任何課程他都不出席，只有週五的烹飪課除外。」

先生好奇的看著校長。

校長又道：「這孩子對所有學習都提不起興趣，唯獨對烹飪例外。這孩子非常愛做料理，每一次烹飪課總是做的非常起勁。」

先生熱情的點著頭，稱讚道：「他肯定很有天賦。」

校長不好意思的揮揮手解釋：「其實孩子做的東西沒有什麼特別，手也沒有特別巧，做出來的東西也沒特別美觀，就像這些麻糬，形狀大大小小，什麼都有，所以也沒幾個人敢吃，但是看到他來上烹飪課，我就很高興，而且每一次完成的成品他都會拿來送我吃，我覺得這孩子至少沒有放棄自己，對學習還是有熱情的。」

先生猛力點著頭，贊同校長說的一切。

最後，校長說：「所以我就告訴那個孩子『每週五，校長都會特別餓，如果你有做料理都可以送來給我，校長很期待！』這孩子週五一到就更賣勁的送來一大堆，成了我招待嘉賓的點心。」

「特別餓！校長很期待！」

這一句話，從先生嘴裡轉述出來，在我耳畔迴盪不已。

多美妙的一句話。

我讚嘆這句話說得真好，因為這就是「一句教養」的精髓呀！

這個孩子對任何學習都不感興趣，對學習幾乎呈現放棄的狀態，然而校長卻用短短的一句話，深深的連結了孩子，讓孩子明白「自己仍然是有價值」、「自己仍然是受人期待」。

這是多麼美好的「一句教養」！

一句教養，可以發生在任何時間，適用於任何對象，只要懂得「一句教養」的精髓，無處不適用，因為它是立意良善的一份祝福，也是和諧關係的一份連結。

一句教養，存在於任何時刻，現在，讓我們在日常生活裡去啟動它！

一句教養：化解親子衝突，用薩提爾對話連結內心渴望 / 李儀婷作 . -- 第一版 . -- 臺北市：親子天下股份有限公司，2022.12
256 面；13×19 公分 . --（家庭與生活；83）
ISBN 978-626-305-374-8(平裝)

1.CST: 親子溝通 2.CST: 親子關係 3.CST: 親職教育

528.2 111018867

家庭與生活 083

一句教養

化解親子衝突,用薩提爾對話連結內心渴望

作者／李儀婷
責任編輯／李佩芬、蔡川惠
校對／魏秋綢、王雅薇
封面設計／ Ancy Pi
封面插畫／ Dofa Li
內頁設計／連紫吟、曹任華
內頁插畫、小語／許三三
行銷企劃／石筱珮

天下雜誌群創辦人／殷允芃
董事長兼執行長／何琦瑜
媒體產品事業群
總經理／游玉雪
總監／李佩芬
版權主任／何晨瑋、黃微真

出版者／親子天下股份有限公司
地址／台北市 104 建國北路一段 96 號 4 樓
電話／（02）2509-2800　傳真／（02）2509-2462
網址／ www.parenting.com.tw
讀者服務專線／（02）2662-0332 週一～週五：09:00~17:30
讀者服務傳真／（02）2662-6048
客服信箱／ parenting@cw.com.tw
法律顧問／台英國際商務法律事務所．羅明通律師
製版印刷／中原造像股份有限公司
總經銷／大和圖書有限公司　電話：（02）8990-2588

出版日期／ 2022 年 12 月第一版第一次印行
定　價／ 400 元
書　號／ BKEEF083P
ISBN ／ 978-626-305-374-8（平裝）
